基 于 标 准 的 评 价 研 究 丛 书

总主编 ◎ 崔允漷

Standards-based Course Outline and Lesson Plan

基于标准的
课程纲要和教案

崔允漷　周文胜　周文叶　主编

华东师范大学出版社

·上海·

图书在版编目(CIP)数据

基于标准的课程纲要和教案/崔允漷,周文胜,周文叶主编.
—上海:华东师范大学出版社,2013.11
(基于标准的评价研究丛书)
ISBN 978 - 7 - 5675 - 1470 - 6

Ⅰ.①基…　Ⅱ.①崔…②周…③周…　Ⅲ.①中小学－课程－
教案(教育)－教学研究　Ⅳ.①G632.3

中国版本图书馆 CIP 数据核字(2013)第 283210 号

本书由上海文化发展基金会图书出版专项基金资助出版。

基于标准的评价研究丛书
基于标准的课程纲要和教案

主　　编　崔允漷　周文胜　周文叶
策划编辑　彭呈军
审读编辑　单敏月
责任校对　赖芳斌
版式设计　崔　楚
封面设计　卢晓红

出版发行　华东师范大学出版社
社　　址　上海市中山北路 3663 号　邮编 200062
网　　址　www.ecnupress.com.cn
电　　话　021 - 60821666　行政传真 021 - 62572105
客服电话　021 - 62865537　门市(邮购)电话 021 - 62869887
地　　址　上海市中山北路 3663 号华东师范大学校内先锋路口
网　　店　http://hdsdcbs.tmall.com

印 刷 者　常熟高专印刷有限公司
开　　本　787 毫米×1092 毫米　1/16
印　　张　20.25
字　　数　322 千字
版　　次　2014 年 1 月第 1 版
印　　次　2024 年 6 月第 19 次
书　　号　ISBN 978 - 7 - 5675 - 1470 - 6/G · 7032
定　　价　42.00 元

出 版 人　王 焰

项目组专家

李志华　常立钢　连　珂　冯瑞先　李雪田　叶晓军　高虹燕　岳庆先　董庆杰
杨　洁　李超英　耿　珣　王　曦　许　睿　王小翠　陈　珂　卢　臻　许巧枝
康明达　刘惠臻　李宝虹　王　燕　武新英　张　勇　丁丽云　白　华　谷永杰
杨仕保　李　玮　袁富强　郭　伟　赵丽霞　王祎君　朱　煦　王学芳　许　娜
陈晓艳　范廷贤　常华东　卢海宽　王东喜　王晓蕾　翟　斌　张俊杰　朱建军
李艳慧　郭河秀　李　兰　黄利军　李　靖　闫彦强　贾艳玲　刘树峰　李国强
田金良　牛文革

指导专家

王荣生　胡惠闵　孔企平　徐斌艳　吴刚平　刘良华　沈晓敏　王祖浩　李雁冰
朱伟强　柯　政　周文叶　周文胜　崔允漷　李玉国　孙红保

迎接新的教育评价范式

——代总序

崔允漷

　　半个世纪以来,教育评价的理论领域也许没有出现诸如布卢姆的教育目标分类学之类的重大成果,但教育评价的实践领域却发生了巨大的变革。这种变革源于知识观、学习观的变化,也与社会发展和教育发展目标的变化有关。从评价实践的变革中,人们似乎可以看到,教育评价实践领域正在发生一个范式转换,而在学生学业成就评价领域中,这种范式转换似乎更为明显。

一

　　教育评价特别是学生学业成就评价领域在近几十年中正在发生着巨大的变革,这种巨大的变革是教育评价历史上从未有过的,具体表现在以下几个方面。

(一)"对学习的评价"依然受关注,但"为学习的评价"逐渐成为主流

　　为什么要进行学生学业成就评价? 美国学者洛克希德(Lockheed, M. E.)认为当前学生学业成就评价有六个最普遍的目标:为高一级的教育选拔学生;认证学生的成就;监测成就变化的趋向;评价特定的教育项目和政策;促使学校、学区对学生成就负责;诊断个体的学习需要。[①] 在这六个方面的目标中,有些是评价最原始的目标,如选拔,有些则是近几十年来才出现的目标,如监测、政策评价和问责。但除了诊断学生个体的学习需要外,为其余五个目标实施的评价基本上都属于"对学习的评价"(assessment of learning)。

　　在当前的学生学业成就评价实践中,认证性和选拔性评价依然具有非常重要

[①] Lockheed, M. E.. Assessment and management: World Bank support for educational testing [C]// Little, A. and Wolf, A.. *Assessment in transition*. Elsevier Science Ltd., 1996:29 - 30.

的地位,因为个体进入社会生活需要获得相应的学业成就水平的证明,高一级教育资源和社会资源相对有限,需要相对公平的分配机制;监测性评价则源于国家对教育质量的责任和对有关教育质量的信息需求,近年来得到很大发展,这不仅表现在许多国家层面的教育质量监测体系的建立,也表现在众多国家参与国际性学生学业成就评价项目的热情;用于政策或项目评价的学生学业成就评价因为科学决策的要求而发展;学生学业成就评价同样被广泛地作为对地方、学校、教师和学生个体进行问责,并促使其对自己的职责承担责任的工具。

这里,我们可以看到,"对学习的评价"不仅没有削弱,反而正在得到加强。但是,当前教育评价领域中关注最多的还是"为学习的评价"(assessment for learning)。实际上,对"为学习的评价"的关注在 20 世纪 60 年代就已经开始。布卢姆的教育目标分类学表明教育者开始清楚地表达对一种专门为教育目标,且能被用于计划、教学、学习和评价这一循环圈中的评价的需求。[①] 这种教育评价是一种支持学习的评价模型,它关注相对于自己而非他人的个体成就;检测能力而非智力;发生于相对不受控制的情境中,因此不能产生"人人都可通用的"(well-behaved)数据;寻求最好的而不是典型的表现;当摆脱了作为标准化测验的特征的规则和限制时,它最有效;体现着一种建设性的评价观,目的在于帮助而非惩罚学生。[②] 而格拉瑟(Glaser)将标准参照测验和常模参照测验区分开来,就是一种将教育评价从经典的心理测量学中分离出来的一个重要尝试。

当前,对学习的关注已经成为教育评价改革的一个大观念(big idea)。教学、学习和评价三位一体的关系得以建立,评价被看成镶嵌于教—学过程之中的一个成分。对各种新型评价方式的倡导,内部评价尤其是课堂层面的评价得到高度关注,对多元评价尤其是学生参与评价的倡导,对评价结果的适当运用的规范,等等,无不反映着"为学习的评价"的理念。即使在为监测、问责等目的而实施的学生学业成就评价中,促进学生的学习同样是一个重要的关注点。

(二) 评价管理体制变革明显,平衡的学生学业成就评价体系正在形成

就传统而言,世界各国的教育管理体制几乎都可以归入两大阵营:集权和分权。这种传统的力量非常强大,经常在教育政策的制定过程中扮演着极为重要的

---

① Gipps, C.. Assessment for learning [C]//Little, A. & A. Wolf(eds.). *Assessment in Transition: learning, monitoring and selection in international perspective*. Pergamon Press, 1996:254.

② Gipps, C.. Assessment for learning [C]//Little, A. & A. Wolf(eds.). *Assessment in Transition: learning, monitoring and selection in international perspective*. Pergamon Press, 1996:255.

角色。近几十年来,世界各国的教育管理体制正在发生急剧的变革。从表面上看,两种不同传统的教育管理体制似乎正在走向其对立面,但不同的路径指向的却是同一目标,即集权和分权之间的适当的平衡。

在整个教育管理体制的变革中,评价管理权起着一个核心的作用——考试控制权的回收或下放被当作促成教育管理体制变革的强有力的杠杆。

在美国,在《国家在危急之中》发布之后,几乎每个州都采取了自上而下的旨在提高标准的努力,如提高对学术课程的要求,强化对教材的控制,州课程指南的运用等,但最为普遍的还是针对所有年级的全州考试,试图以此来重塑学校教育实践。联邦政府甚至每年出版排名表(Wall Chart),按照标准化测验的成绩对各州进行排名,而各州也将这种年度活动复杂化,将学区的排名公开化,而学区的管理层又进一步将学区内学校的排名公开化。在英国,1988年教育法案中一个基本思路就是削减地方教育当局的教育权力和课程上的自由裁量权,将教育控制权由地方收归中央。政府特别相信考试控制权的回收具有将教育管理权从地方收归中央的能力,因此,全国性的考试系统建立起来了,学生必须定期参加考试,考试结果要公开发布。

而一些传统上高度集权的国家,考试系统的控制却在走向相反的方向。在法国,考试权力传统上高度集中于中央政府,从19世纪初开始中央政府就是全国考试所测量的标准的守卫人,考试系统就是中央政府小心保护的主要教育特权之一。但从1980年代早期开始,教育管理中实施了一种温和的权力下放政策,地方获得了更多的权力。

事实上,上述两种表面上看来完全相反的趋势本质上却是一致的。教育管理上的分权趋向更多是从教育输出方面考虑的。基于对传统的输入或过程评估模式的反思,西方开始更多从结果方面考虑教育的质量;而要使学校教育获得良好的结果,学校就必须获得相当程度的自主权,传统的自上而下管制的方法只能解决输入的问题,对于学校教育的真正改善效果有限。学校要改善,就必须获得相关的信息,因此分权发生了。但国家将教育权力赋予地方、学校层面并不意味着国家不需要相关的信息,实际上,所有层次的管理者都需要信息来改善其决策的效能。因此,保证分权和监控之间的适当张力——决策上的去中心化(过程规制与专业主义控制)与基于结果的问责——就成为几乎所有国家的共同选择,以实现国家规制和地方控制上的平衡。[①]在评价事务上,就是国家评价与地方、学校层面的评价的平衡。

从一个国家内部看,评价的权力似乎也正在向两头延伸。一方面,国家层面的教育质量监测成为许多国家的现实做法和追求[②],试图建立国家教育质量监测体系来监测预设的标准的达成状况,对地方、学校进行问责,进而保证教育目标的实现。而另一方面,人们又普遍相信,学习最终发生于课堂之中,当现实中教师将其三分之一到一半的教学时间用于评价及与评价相关的事务上时,如果评价不能在日常的课堂实践中有效地运行,那么其他层面(学区、州、国家和国际)上的评价完全是浪费时间和金钱。[③] 因此,内部评价,特别是课堂层面的评价,也就成为当前评价改革的一个核心关注点。有些国家教师自己实施的评价甚至被当作学生学业成就评价的核心成分,作为选拔、认证乃至问责的依据。如在英国的全国评价项目中,教师评价是最终评价的一个正式的成分。在澳大利亚的昆士兰,20 年来没有基于学科的公开考试,大部分学生评价来自于改善后的教师评价。

(三) 传统的考试一统天下的地位被颠覆,诸多新型的评价方式得到广泛运用

在传统的学生学业成就评价中,其实并不缺少口试、对实际表现的观察之类的评价方式。可是,受到 20 世纪初心理测量在军事领域中的成功的诱惑和刺激,常春藤联合会的入学考试机构——大学入学考试委员会 (College Entrance Examinations Board, CEEB),在 1926 年采用难度更高的"军队阿尔法",编制了学术性向测验(Scholastic Aptitude Test, SAT)。这种标准化测验因为基于心理测量学而披上了"科学"的外衣,这使得它在科学主义甚嚣尘上的年代极具诱惑力。很快,这种基于心理测量学的考试取代了原本运用论文式考试的选拔性评价,而且发展成为学校教育系统中各种评价的主要形式。尽管后来有许多测验宣称测量"成就"而不是"性向",但依然采用 SAT 的形式,或者就是心理测量的形式——这种考试获得了在教育评价领域中一统天下的地位。

然而,在这样一种考试模式获得其统治地位的同时,所引发的批评和质疑也不

---

① Olmedilla, Juan M.. Tradition and change in national examination systems: A comparison of Mediterranean and Anglo-Saxon countries [C]//Ecksteino, M. A. & Noah, H. J.. *Examinations: Comparative and International Studies*. Pergamon Press, 1992:142.

② 参见本书的第三章。

③ Roschewski, P., Gallaher, C., Isernhagen, J.. Nebraskans research for the STARS [J]. *Phi Delta Kappan*, 2001(8):611 - 615.

绝于耳。SAT的倡导者布里格汉姆(Brigham, C.)就已经预见到标准化测验可能带来的消极后果。近年来,当知识观、学习观发生变化,尤其是建构主义的学习理论兴起之时,在美国,这种批评"多年来局限于进步的批评家和学术传统主义者,如今却经常出现在华盛顿邮报、纽约时报、华尔街杂志、新闻周刊上,甚至出现在黄金时间的电视节目上"。[①] 而在我国,这种批评同样不再局限于学术媒体,而频繁地出现在《羊城晚报》《北京文艺》《中国青年》《南方周末》之类的大众媒体上。更多关注结果的可比较性和公平性,很少考虑对学习的加强和支持。它鼓励学生对事实性知识的掌握,鼓励再生他人的观点,激励"肤浅的学习",不能导致对"高等级的思考技能"的学习;当考试具有高利害关系时,教师常被鼓励去追求更高的分数,"为考而教",而不是去更好地理解学生学习上的困难;一些消极的甚至不合伦理的实践就成为学生学习中的常态。在这种情况下,最完美、最有效的考试却导致最糟糕的学习。[②]

在这种背景下,标准化测验的统治地位受到了猛烈的冲击,尽管其市场依然巨大,但诸多冠以"表现性评价"(Performance Assessment)、"真实性评价"(Authentic Assessment)或者"另类评价"(Alternative Assessment)之名的新型评价方式正在成为众多评价项目的重要方法,甚至在诸如监测、问责、升学之类传统上由大规模的标准化测验控制的领域发挥作用。这些新型评价关注高层次学习所要求的批判性思考和知识整合,要求评价任务本身是技能或学习目标的真实例子,而不是替代物,期望学生通过思考生成答案而不是在多个选项中选出正确答案。

比如表现性评价,目的在于测量学习者运用先前所获得的知识解决新异的问题或完成具体任务的能力,常常运用真实的生活或模拟的评价练习来引发最初的反应。[③] 表现性评价不仅评价学生"知道什么",更重要的是评价学生"能做什么";不仅评价学生行为表现的结果,更评价学生行为表现的过程;不仅是对某个学习领域、某方面能力的评价,而且评价学生综合运用已有知识进行实作与表现的能力。在这一些方面,表现性评价所能做的正是选择式、记忆式的纸笔考试所无法企及

---

① Berlak, H.. The need for a new science of assessment [C]//Berlak, H. & Newmann, F. M.. *Toward a new science of educational testing and assessment*. State University of New York Press, 1992:8.

② 王少非. 校内考试监控研究[D]. 上海:华东师范大学课程与教学研究所博士学位论文,2007:13.

③ Stiggins, Richard J.. Design and Development of Performance Assessments [J]. *Educational Measurement: Issues and Practice*. 1987(6).

的。正因如此,表现性评价开始成为诸多学生学业成就评价项目中的重要评价方式。如英国各学科的 A 级考试中,借助于表现性评价的"中心评审课程作业"普遍占 20%～35% 的分数比重。① 又如,我国香港地区,名为"教师评审制"的表现性评价的分数在高考中占到了 20%～30% 的比例。② 另外,国际教育成就评价协会(International Association for the Evaluation of Educational Achievement, IEA)在第三次国际数学和科学教育研究(Third International Mathematics and Science Study, TIMSS)中对表现性评价的运用也为大规模进行表现性评价提供了范例。③

(四) 教育评价的心理测量学基础被动摇,新的教育评价文化正在兴起

相对于以往随意化的评价,心理测量学成为教育评价的基础无疑是教育评价发展史上的一个里程碑。然而,当评价的目标发生变化,转向对学习的促进时,教育评价的心理测量学基础就不可避免地受到质疑。

从根本上讲,心理测量学的诸多假定都来源于关于测验目的的假定。借用现代科学主义的话语,心理测量学将其所发明的测验称为"工具",而且是一种外在于历史与文化的,不受感情或价值观影响的、公正无偏的科学的工具,这种工具的根本功能被假定为"选拔",进而"安置",即对个体或群体进行区分,然后将之归到被认为适当的位置上。区分的根据就是个体身上那种稳定的不变的东西,因此,基于心理测量学的测验就只能测量人类的少数特性,通常是那些不受教育影响的特性,也就是智力或自然倾向。测验就是要测出个体到底有"多少"这样的特性,而不关注个体在这些方面的表现有"多好"。当信度和常模成为教育评价的核心关注点时,教育评价就不再关注个体,而是关注个体与他人(常模)的比较,这导致学生在教育评价中的被动地位和无力感,因为他们能决定自己的成绩,但不能影响他人的成绩;同样,这种关注使得对统计分析的适合性成为教育评价(包括考试)设计的重要关怀,而对于评价在课堂中的意义,对于评价在促进学生学习和提高学业成就中的意义,则基本上没有关怀。而在教育评价中,所应当评价的东西与心理测量学期望测量的东西有本质的不同,学生学业成就显然是教育的结果,而不是不受教育影响的固有的不变的特质——相对于智力和自然倾向,换言之,作为教学的直接结果的成绩是"脏"的,它直接受到教学和教师的影响。就此而言,那种基于心理测量学

① 冯生尧,谢瑶妮. 英国高考中的表现性评价:中心评审课程作业[J]. 比较教育研究,2006(8).
② 冯生尧. 香港高考教师评审制的特点和启示[J]. 课程·教材·教法,2004(10).
③ 周文叶. 论表现性评价在综合素质评价中的运用[J]. 全球教育展望,2007(10).

的、看起来非常成熟的技术标准不能适合指向于不同目的、需要不同方法的教育评价。

而在柏拉克(Berlak，H.)看来，心理测量学范式中测验不只是不适合教育评价的问题，"植根于一个不合时宜的范式之中的标准化和标准参照测验阻碍了学校的更新和重构。当我们进入20世纪的最后十年时，至少对于那些外在于测验编制的人而言，标准化和大部分标准参照测验所基于的假定是明显站不住脚的。在这一范式的废墟之外，一种新的范式正从许多并不完美的解决教育成就评价的实践问题的努力中缓慢地出现……"①

有人将正在出现的新的评价范式描述为"评价文化"。② 它强调真实的情境化的测验，强调运用多元评价，强调对高层次技能而不是知识的再生产的评价；不仅关注对认知的评价，而且包括对元认知、情感和社会维度以及心理动力技能的评价；关注将评价整合到学习之中；学生越来越多地承担评价过程中的责任；"对学习的评价"与"为学习的评价"的整合。在这种评价文化中，传统的智慧正被超越，新的智慧正在出现：

教学智慧——关注学习；

学习智慧——反思性的、主动的知识建构；

评价智慧——情境化的、解释性的、基于表现的。

二

柏拉克将教育评价中心理测量学基础的动摇看成教育评价"范式转换"的一个环节。的确，基于心理测量学的教育评价不能解决现实的教育评价中的一些"例外"，因而竞争性理论或实践模式出现并尝试排挤它就不可避免。就此而言，柏拉克的结论完全正确。

可是，柏拉克的视野也许狭窄了一些。当前教育评价中的范式转换也许不仅仅是因为以心理测量学为教育评价基础的观念被动摇，更是因为教育评价领域诸

① Berlak，H.. The need for a new science of assessment [C]//Berlak，H.，et al.. *Toward a New Science of Educational Testing and Assessment*. State University of New York Press，1992:12.

② Birenbaum，M.. New insight into learning and teaching and their implications for assessment [C]// Segers，M.，Dochy，F. & Cascallar，E. (eds.). *Optimising new modes of assessment*: *In search of qualities and standards*. Kluwer Academic Publishers，2003:15.

多信念、原理、实践方式的变化——在上一部分的初略描述中,我们已经能够获得关于这种变革的一个图景。正是这一些变革使得教育评价真正发生了更大的范式转换。

范式(Paradigm)和范式转换(Paradigm shift)是美国科学史家托马斯·库恩(Tomas Kuhn)在 1962 年出版的《科学革命的结构》(*The Structure of Scientific Revolutions*)一书中提出的概念。如今,尽管这两个远非清晰的概念(库恩本人也承认他对"范式"一词的使用出现了"弹性"),却被广泛地套用到创新的乃至传统的领域。库恩没有对范式下过定义。他在《科学革命的结构》中给出了"范式"的 21 种用法,大致上可分三个层面:(1)哲学层面的范式,如:信念、有效的思维方式、标准、公认的看法、条理化规则等。(2)社会学层面的范式,如:公认的科学成就、具体科学成就、一套科学习惯、一套政治制度、司法裁决等。(3)人工科学层面的范式,如:教科书或经典著作、工具、仪器、类比、格式塔图像等。但总体来说,一个科学的范式就是一套关于现实的假设,以及说明它所面对的事实的一套规则。具体来讲,范式的基本含义应包括以下几个方面:共同遵守的"科学共同体信念";公认的范例;与共同信念和模型相适应的方法。换言之,范式就是共同信念、模型、方法三者的有机统一。

所谓范式转换,实质上是一个旧范式灭亡和新范式发生的过程,在库恩的话语体系中它等同于科学革命。按照库恩的观点,当已有的范式不能说明与解释新出现的事实与社会现象,直接导致了反常和危机——也即"例外"——的出现,于是会导致一些争论,这些争论可能导致基础范畴、理论体系的创新和新的分析问题和解决问题方法的产生,信念、理论、方法等重新组合,形成能够更好地解释现实和解决现实问题的新范式。这一范式转换的过程大致上可以简单地描述如下:范式1——常规科学(在范式 1 指引下积累的知识)——异例(即范式 1 不能全面解决的新现象)——危机(即范式 1 从根本上受到怀疑)——革命(即范式 1 全面崩溃)——范式2。

从第一部分所描述的评价变革看,原有的教育评价范式因为不能有效解决教育评价领域所出现的现实问题而受到根本的怀疑,一些基础的范畴,如评价的目的、评价的方式,甚至评价方法的基础都从根本上受到质疑。而且,当人们开始相信更重要的是"为学习的评价"而不是"对学习的评价"时,原本为"对学习的评价"而建立的那个范式在根本上崩溃也许不可避免了。因为在库恩的范式结构中,处于最高层次的是世界观和价值观。范式之所以得到承认,是因为科学共同体成员有共同的价值观念和标准。这些价值观念和标准决定了范式的第二层次,范式的思想内容,也就是一个特定时代和特定领域中的基本定律和基本理论。柏拉克所称的"废墟"之外正在生长的东西就是在"为学习的评价"引导、规范之下生长起来的,这不仅表现在哲学层面,也表现在社会学和人工科学层面。这些新的东西正在得到教育共同体越来越多的成员的"选票",成为指导教育评价的基本原则。

然而,一种新范式的产生也必然会留下种种有待解决的问题。按照库恩的观点,能被称为范式的应当是常规科学(Normal Science),而且这种常规科学还必须具备两个特征:足以空前地把一批坚定的拥护者吸引过来,使他们不再去进行科学活动中各种形式的竞争;同时又足以毫无限制地为一批重新组合起来的科学工作者留下各种有待解决的问题。①

如何让评价有效地促进学生的学习?这也许是新的教育评价范式亟待我们去解决的问题。特别是,当新一轮课程改革以课程标准的方式对学生的学习结果作了清晰的明确的规范之时,我们如何运用评价让学生更好地达成课程标准对他们所知和能做的期望,这就是我们迫切需要解决的问题。

教育有了课程标准之后,会是什么?国际经验已经告诉我们:随着我国课程标准的出台,随之而来的就是"基于标准"运动,如基于标准的课程设计,基于标准的教学,基于标准的评价,基于标准的问责,基于标准的资源开发,等等。《基础教育课程改革纲要(试行)》明确规定:国家课程标准是教材编写、教学、评估和考试命题的依据,是国家管理和评价课程的基础。然而,新课程进入实验区已经八年了,我们的课程标准却依然更多是一个文本,未能对教学、评价产生明显的影响。原因在于,我们缺少这方面的知识基础,评价方面尤甚,而评价又恰恰被视为当前课程改革的瓶颈。

三

三年前,我们的团队由钟启泉教授领衔申报了教育部哲学社会科学研究重大课题攻关项目《素质教育课程评价体系研究》(课题编号:04JZD00025),我本人也申报了教育部哲学人文社会科学研究重点基地重大项目《基于标准的学生学业成就评价研究》(课题编号:05JJD880010),期望通过我们的工作获得关于评价的一些新

---

① [美]托马斯·库恩.科学革命的结构[M].金吾伦,等,译.北京:北京大学出版社,2003:8.

的知识基础。尽管这一领域的研究对我们而言极具挑战性,但我们的研究还是取得了丰硕的成果。本套丛书即为我们的成果之一。

本套丛书的编写者都是具有博士学位的高校中青年教师或教学专家,在教育理论和教育实践方面具有较为丰富的经验,而且对我国的教育现实及中国教育的发展前景有一个比较清醒的认识,也都乐于在评价方面贡献自己的学识和智慧。他们在新的评价范式之下探究了基于标准的评价的诸多领域,既包括基于标准的评价体系、模式等宏观领域,也包括评分规则及学科领域的评价等微观领域;既包括外部考试、校内考试等传统的纸笔考试,也包括表现性评价等新型评价方式;既涉及基于标准的问责等政策问题,也涉及学校内部的发展性评价等制度问题;既涉及开放题编制、评分规则开发等技术问题,也涉及教师整体的评价素养问题。所有这些研究领域都源于我国当前教育评价的现实问题,也是我国课程改革乃至素质教育推进中必须解决的关键问题。我们相信,关于这些领域的研究必将能为评价发展乃至教育发展提供重要的知识基础——至少提出了一些新范式关注的"有待解决的问题"。

在本套丛书出版之际,我感谢我们的研究团队成员为之作出的巨大努力,没有他们各司其职及团结协作,我们的研究任务不可能顺利完成;感谢教育部社会科学司对本项目提供的资助和华东师范大学"985"工程哲学社会科学"教师教育理论与实践"创新基地提供的平台;感谢华东师范大学出版社为本套丛书提供了出版机会,使我们的研究成果与更多的同仁分享。

推荐序

郑州市教育局副局长　田保华

　　新世纪的曙光带来了中国基础教育的新课程,郑州市与全国同行一道,一直在寻找区域推进的有效抓手,开始探索之旅。从最初热衷于课堂教学形式上的求新求异,到繁华喧嚣消退之后的理性思考,我们关注的问题逐步聚焦:如何落实"以人为本"推进国家课程校本化? 如何通过有效教学的专业技术落实国家课程标准? 新课程倡导的三级课程管理政策和课程领导的需求,对广大校长、教师、教研员来说的确是新的挑战。如果不能把握改革的实质,"穿新鞋,走老路"在所难免。

　　面对"新课程"的蓝图,如何搭建"新教学"的框架? 教师作为课程和学生之间的使者,要把学生带到哪里? 怎样把学生带到那里? 如何知道学生到了那里? 在追问与反思中,答案渐渐清晰:"基于课程标准"是本次课程改革的重要特征,落实课程标准的要求应该成为学科教学的质量底线。因此,我们把研读课程标准作为提高教学有效性的切入点,以校本教研活动为载体,引领教师思考课程价值、明确课程目标、整合课程内容、优化课程实施、关注课程评价,以课程标准为依据把握教材、设计教学。在学校层面,研究课程标准、研究教材、研究学生成为教师准备教学的必修课。随着解读课程标准的逐步深入,教师课程开发的意识开始确立,但课程开发技术的缺乏成为新的瓶颈。2010 年,在华东师范大学课程与教学研究所的专业支持下,郑州市基于标准的教学探索开始迈上新的台阶。郑州市的教研员、校长、主任、教研组长及部分骨干教师分批参与了以提升课程领导力为目标的研修学习。以需求为导向的研修课程,以任务为导向的研修方式,尤其是华东师范大学教研员研修中心专家团队的深厚学养与丰富实践,有效保证了研修的品质。如何分解课程标准确定课堂学习目标? 如何清晰描述可评价的学习目标? 如何设计与目标相匹配的评价任务? 如何学习"专家思考"实现课程标准、教学与评价的一致性?

问题的解决就是能力的提升,通过研修,新课程的理念与实践之间的桥梁得以贯通。

仍然是研究课程标准、研究教材、研究学生,但课程知识的获得让"三研"有了抓手,编写学期或者模块《课程纲要》、设计基于标准的课时教学方案成为教师课程开发能力的显性标志。随着研究与实践的深入,目标源于课程标准、评价设计先于教学设计、评价镶嵌在教学过程中、全程指向学生学习结果的质量、目标—教学—评价体现一致性——这些基于标准的教学的核心特征呈现在越来越多的课堂上。教研员与学校教师的合作研究也为基于标准的教学的整体推进提供了专业支持和保障。通过几年的努力,郑州市的教育发生了可喜的变化,教师们普遍感觉到教学"专业"的力量。

如果说郑州市基于标准的教学研究成效初显,首先要感谢华东师范大学课程与教学研究所专家团队给予我们的支持与帮助。感谢崔允漷教授、胡惠闵教授、吴刚平教授、杨向东副教授等多次拨冗莅郑,走进课堂与我们交流。感谢华东师范大学教研员研修中心的周文叶博士、付黎黎老师对每次研修的精心设计与周到安排。还要感谢北京师范大学刘坚教授、福建师范大学余文森教授、江苏省锡山高级中学唐江澎校长、山东潍坊广文中学赵桂霞校长、上海静安区教育学院附属学校的张人利校长,他们对郑州教育的专业支持,我们没齿难忘。

在基于标准的教学探索之路上行走,我们并不孤单,全国许多同行都在基于标准的教学研究领域进行着卓有成效的实践探索。虽然我们的课程开发方案仍显稚嫩,但我们还是鼓足勇气把这些案例呈现出来,权作一个阶段的小结,一份公开的作业,因为如此,我们才能听到同道智慧的声音,让我们的探索能够实现自我超越。同时,我们希望这些实践案例可以引出一个关注点、研究点、交流点,在更为广泛的实践探索中生成更多的高品质课程产品,共同分享更多的教育智慧。

非洲谚语说得好:"要想走得快,自己走;要想走得远,一起走!"我们非常愿意与志同道合的人一起走!

前言

众所周知,教师是专业人员,然而,专业性体现在哪里? 除了精熟的教学技术或艺术,更重要的是设计与评价两个领域。一个完整的专业活动需要经历设计、实施与评价的过程,建筑如此,医疗也是如此。就国家课程而言,有了课程标准之后,教师的专业活动方案是怎样的? 以前写的《教学进度表》与教案是不是专业的? 基于标准的课程纲要与教学方案为什么比原先的设计更专业? 国家课程如何校本化? 教师如何开展基于课程标准的教学? 有哪些具体的路径? ……一系列问题都等待我们去探索、去解决。否则,新课程的"两张皮"问题是无法解决的。

《课程纲要》是以提纲的形式一致性地呈现一门课程的目标、内容、实施和评价这四个基本要素。这四个要素要回答的问题分别是:我要把学生带到哪里去? 基本的素材或活动是什么? 我怎样带他们去? 怎么知道他们已经到哪里? 从这些问题所要回答的内容来看,我们就会清楚为什么《教学进度表》不是《课程纲要》,两者之间的区别在哪里。首先,《教学进度表》只见教师,不见学生。《教学进度表》主要回答教师在这学期将要做什么,而《课程纲要》第一个要回答的问题就是学生在这个学期将要"学会什么",紧接着回答需要提供什么样的内容、组织什么样的活动帮助学生更好地学会,以及什么样的评价任务能检测学生的学习进程及结果。可见,《课程纲要》始终围绕着学生的学习,这也回应了课程因学生而生的理念。其次,《教学进度表》只见进度,不见教学。它呈现的是教师将在什么时候教完教材上的什么内容,只是一个进度的安排,而没有教与学的活动设计。《课程纲要》不仅要呈现课时安排,更要回答为达成本学期的目标,关键的教与学的活动及其方式是什么。再次,《教学进度表》只见课文,不见课程。在进度表中,老师们一般只是把一个学期的时间按照教材目录内容来进行分配,我们看到的只是一篇篇课文的题目,而《课程纲要》要全面而一致地回答为什么教、教什么、怎么教和教到什么程度,也即一种专业活动方案——课程必须要回答的四个问题或要素。

在《教学进度表》与《课程纲要》的比较中,我们更加清楚地了解了《课程纲要》。《课程纲要》的构成要素及其关系,也决定了撰写《课程纲要》的意义。首先,它有利于教师形成学科观或课程意识,思考从"一节课"走向"一门课程"。实践中,教师常常会犯这样的错误:非常清楚每个章节的知识点,但往往忽略了各章节之间的逻辑关系及其与课程目标的关系,从而失去了对任教学科的总体把握。这种"只见树木,不见森林"的现象易使教师忽略学科的本质特征和目的所在。《课程纲要》就像一份认知地图,它要求教师厘清本学期课程在学科课程中的地位与价值的基础上,不仅呈现本学期需要学生应知与能会的目标,同时也呈现各知识之间的结构以及与课程目标的逻辑关系,因此有利于整体地把握课程。其次,它有利于教师审视满足某门课程实施的所有条件。《课程纲要》是一种计划,也是对教学实施的预期,要充分地考虑各种实施条件,如学生的已有经验、教学设备与其他资源、符合课程内容与认知规律的教与学的方式等等。教师在撰写纲要的过程中,对这些要素的审视,有利于教师正视教学条件的现状。再次,它有利于学生明确某门课程的全貌或相关政策。《课程纲要》不仅是教师的教学设计方案,同样也是指导学生学习的蓝本,因此,在教学前,就应与学生分享。最后,它有利于学校开展课程纲要的审议与质量管理。《课程纲要》既是一份课程合同,也是一种交流工具,它是教师和学生之间的合同,也是教师和学校之间的合同,它是教师和学生之间的交流工具,也是教师与教师之间的交流工具。通过这份课程合同,学校、教师和学生都清楚自己需要做什么。通过这种交流工具,教研组可以共享纲要并促进其质量的提升;学校课程组织可以对其质量进行审议;学生可以了解课程要求及其安排,规划自己的学习,更加明确自己将要往哪里去,将会怎么去,以及如何监控自己的学习。

教案往往指主题或课时的教学方案。传统的教案通常是教师根据教科书、教参或经验确定教学内容,根据教学内容设计教学活动,最后设计课堂练习或课后作业。它呈现的主要是教学内容和方法,也即教什么和怎么教。因此,教师设计教案的时候就特别关注教材有什么内容或我要告诉学生什么,这样的方法是否新奇。基于标准的教案提倡老师们进行逆向设计,即根据课标,结合教材和学情等要素确定目标之后,先来设计评价任务,再来设计教学活动。这样的设计,首先关注的是目标,而不是教材内容;更关注内容、方法与目标的一致性,而不是方法的新奇与否;更关注学生有无明白,而不是教师到底要告诉学生多少内容;更关注基于目标的学生表现的提升,而不是练习的多寡。

基于标准的教案设计让教师更加清楚每一堂课的明确目标和具体意义。首先,目标来源于课程标准,每一堂课都是为达成课标中的"大观念"服务的,只有明确了目的地,我们才不会脚踩西瓜皮,滑到哪里是哪里。其次,评价设计先于教学设计,为实现目标—评价—教学的一致性提供了更大的可能性。确定本堂课的目标之后,紧接着就进行评价任务设计,也即先设计检测学生学习结果的任务,再来设计教学活动。评价任务是检测目标达成度的,必须是与目标匹配的;而评价任务随着教学环节的展开而展开,其本身就是教学活动的组成部分,镶嵌在教学活动中。因此,这样的逆向设计,就是为了更好地实现教学评的一致性。再次,确保学生经历学习并证明自己的学习的机会。基于标准的教案设计要求教师先设计评价任务,并将评价任务镶嵌在教学活动中,这些任务必须是学生自己去经历、去表现、去完成,教师才能收集到学生表现的证据。这也就突出了学生在课堂中的主体地位,避免了传统教学中以教师为中心,教师一讲到底的现象。

本书由三部分组成。第一部分是基于标准的课程教学方案评议要点,呈现了我们对"专业的课程教学方案是怎样的"这一问题的阶段性思考。第二部分是义务教育阶段的学科样例,包括数学、物理、化学、生物、语文、英语、思品、历史、地理、体育、音乐和美术学科的学期课程纲要和与纲要相对应的课时教学设计方案。第三部分是普通高中阶段的学科样例,包括物理、化学、生物、语文、英语、思想政治、历史、地理、音乐和美术学科。全书由崔允漷、周文胜、周文叶负责组织统稿,杨仕保、李超英、连珂、付黎黎、林凌、雷浩、徐瑰瑰、莫菲菲、黄山、胡警予等同志为统稿做了大量的工作。尽管我们都努力了,但样例中一定会存在一些问题,恭请各位读者批评指正。

本书得以正式出版,是一种新型的专业共同体跨界合作的结果,它体现了大学、地区教研室和学校的合作,体现了课程专家、学科专家与教学专家的合作,也体现了理论工作者与实践工作者的对话。这一过程是一种"去偏见,来共识"的过程,因此,对每个参与者而言也许都是一种痛苦的过程。感谢本书的所有编写者与指导专家!感谢郑州市教育局领导为本项目的开展提供了强有力的指导!感谢四年来组织教研员来华东师范大学教研员研修中心进行交流与学习的上海市教研室、天津市教研室、海南省教育培训研究院、青海省教研室、河南省教研室、南京市教研室、天津市河西区教育中心、宁波市教研室、太原市教研科研中心、杭州市拱墅区教研室、徐州市教研室、北京市房山区教师进修学校、淮安市教研室、北海市教育局、石家庄市裕华区教育局、沈阳市教育学院、天津市和平区教师进修学校、包头市教育教学研究中心、成都市温江区教育研究培训中心、北京市大兴区教师进修学校、包头市青山区教育局、晋江市教师进修学校、杭州市余杭区教研室,教研员们在研修过程中的讨论以及在教研中的实践,不仅为我们的研究提供了重要的支持,而且直接丰富了我们的研究成果!感谢华东师范大学出版社王焰社长、教育心理分社彭呈军社长的大力支持!

编　者

目录

第一部分 基于标准的课程教学方案评议要点

第二部分 学科样例:义务教育阶段

第三部分　学科样例:普通高中

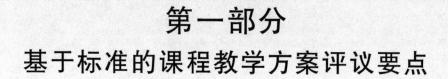

第一部分
基于标准的课程教学方案评议要点

一、《学期/模块课程纲要》评议要点

崔允漷、周文叶编制

维度	子维度	评议要点
结构维度	1. 一般信息	提供的一般信息是完整的,至少包括:题目(如语文一年级(上)课程纲要);设计者(人名、单位);课程名称;课程类型;教材来源;适用年级;课时或学分。
	2. 正文内容	包括:背景;目标;内容;实施;评价;所需要条件(如有必要的话);具体呈现时,也可以将内容与实施合并在一起陈述。
	3. 整体印象	通过整合学科课程标准、教材、教参和学情,完整、清楚地说明了一个学期或模块基于课程标准的专业教育活动方案设计;不能写成具体的教学参考。
内容维度	4. 背景	说明该课程与前后内容的关系;相关学生已有知识与认知特点。
	5. 目标	源于课程标准与学生研究;描述通过一定的课时学习后之关键结果的表现;告诉别人通过此内容的学习如何指向学科素养或关键能力;一般4~6条,每条至多3句;按目标叙写规范,每条按三维陈述;相类似的陈述方式如:通过什么方式学习什么,理解或会做什么,提高或体会什么。
	6. 内容	第一课时与学生分享此纲要;教材处理依据目标、学情、条件;依据目标合理安排课时,有利于提高新授课学习的有效性;课时数据包括复习、考试时间。
	7. 实施	所选择的教与学的方法与目标匹配;创设有利于学习的情景;学习方式多样;以资源、活动、事件来陈述,体现学科化、本学期或模块化。
	8. 评价	评价框架(评什么、怎么评、谁来评)的设计与结果解释与目标匹配;成绩结构及来源(过程与结果)清楚;过程评价体现对纸笔测试无法涉及的学科目标的关注;告知不及格的理由,以及相关补修补考政策。
	9. 一致性	关键目标在内容、实施和评价部分的落实情况;内容处理与实施设计是否有利于学生产生更好的表现;评价框架与目标的一致性。
	10. 所需条件	有特殊要求的课程须说清楚所需要的知识、资源等条件,这些条件是必需的且是可得到的。

二、《基于标准的教学方案》评议要点

崔允漷、周文叶编制

维度	子维度	评议要点
结构维度	1. 一般信息	提供的一般信息是完整的,至少包括:题目(《×××》教案);设计者(人名、单位);主题(教什么);来源(如一年级语文(上)第几课);课时(共几课时,第几课时;也可以递交一份教案,包括 2 或 3 课时的,但不能超出 3 课时)。
	2. 正文内容	包括:对应的课程标准要求;背景分析;目标;评价任务;教学过程;所需要条件(如有必要的话)。
	3. 整体印象	通过整合学科课程标准、教材、教参和学情,完整、清楚地说明了某一主题(知识点)教学的专业活动设计,凸显评价任务的设计及安排。
内容维度	4. 课标要求	按一对一、一对多、多对一的路径,从课程标准中摘录相应的要求。
	5. 背景分析	通过教材分析,判断该知识或技能的课程地位;通过学情分析,判断相关学生的知识或经验基础。
	6. 学习目标	分解或具体化课程标准的要求;结合学情;描述至少三分之二学生能达到的关键结果;这些结果是指向某学科素养或关键能力的;教案目标一般 3~5 条,每条至多 3 句;按目标叙写规范,每条按三维陈述;相类似的陈述方式如:通过什么方式学习什么,理解或会做什么,提高或体会什么。
	7. 评价任务	评价任务叙述清晰;明确指向某条目标;评价方式多样;必然会引出目标达成所需要的行为表现(证据)。
	8. 教学过程	教学环节清楚,有利于学生的学习;预设的评价任务必须镶嵌在教学过程中,而且安排合理;学习活动设计与安排聚焦目标达成,学习方式多样;凸显课堂中的"在学习、真学习";方法选择体现学科性。
	9. 一致性	关键目标在评价任务、教学过程部分的落实情况;学习活动设计与方法选择是否有利于目标达成。
	10. 所需条件	有特殊要求的教学须说清楚所需要的资源等条件,这些条件是必需的且是可得到的。

第二部分
学科样例:义务教育阶段

01 数学(一年级下册)课程纲要

课程名称: 数学

课程类型: 必修

教材来源: 人民教育出版社 2012 年版

适用年级: 小学一年级

课　　时: 72 课时

设 计 者: 李志华/郑州市中原区教学研究室

背景

　　本册教材中的认识图形(二)、20 以内的退位减法、100 以内数的认识和 100 以内的加法和减法(一)都是一年级上册知识的扩展,其余内容是学生第一次接触。20 以内的退位减和 100 以内的加减法口算是本册的重点和难点,所涉及的计算内容是整个小学阶段加减法计算教学的核心,是迅速和准确计算多位数加减法的必要前提,更是解决生活中实际问题的基础;在算法多样化的基础上强调优法的计算,强调在掌握计算方法的基础上,发现计算规律,形成计算技能。此外,教材非常注重对知识的回顾整理,在七个单元的结束处都设置了"成长档案",引导学生养成整理知识的好习惯,为逐步学会主动建构知识奠定基础。书中有六个单元都编排了解决问题的例题,学生在经历观察、比较、操作的过程中,初步掌握解决问题的方法和步骤,感受数学和生活的联系。

目标

1. 借助操作学具,理解和掌握 100 以内数的读、写等知识,自主探究"20 以内的退位减"和"100 以内的两位数加、减一位数和整数"的计算方法,能准确熟练地口算,掌握相应的口算技能。

2. 通过观察、拼摆等活动,直观认识长方形、正方形等平面图形,初步建立空间观念。

3. 经历对事物或数据进行简单分类的过程,能用自己的方式呈现整理数据的结果,感受分类和分类标准的关系。

4. 在现实情境中认识人民币,知道元、角、分之间的关系,会运用知识解决问题;会探索给定图形或数的排列规律,增强学习数学的兴趣。

5. 在解决问题的过程中,初步掌握用加减法解决实际问题的基本步骤和画图法解决问题的基本策略。

6. 结合整理和复习的内容,体验知识交流、回顾反思、自我评价和归纳整理知识,形成良好的反思、评价和整理的学习习惯。

内容

课程内容		课时
开学第一课	⊙分享《课程纲要》	1
第一单元 认识图形(二)	认识长方形、正方形、三角形和平行四边形	1
	拼一拼	2
第二单元 20 以内的退位减法	十几减几的退位减法	8
	解决问题(有多余条件)	2
	整理和复习	2
第三单元 分类与整理	单一分类标准的分类与整理	1
	不同分类标准的分类与整理	2
第四单元 100 以内数的认识	数的认识	6
	利用组成解决问题	1
	整十数加一位数及相应的减法	2
	⊙整理和复习	2

课程内容		课时
综合与实践	想一想、摆一摆	1
	⊙"拼一拼"实践活动	1
第五单元 认识人民币	认识人民币、简单的计算	6
	解决问题	2
	⊙整理和复习	1
	⊙"我当家"实践活动	1
第六单元 100 以内数的加法和减法(一)	整十数加、减整十数,两位数加、减一位数、整十数	9
	认识小括号	2
	解决问题:同数连加、减去相同数	2
	整理和复习	2
第七单元 找规律	简单和稍复杂图形与数字的排列规律	5
	利用规律解决问题	1
第八单元 总复习	结合纠错本复习整理本学期所学知识	6
⊙计算能力比赛	本学期所学习的口算	1
⊙期末测试	本学期所学知识	2

说明:⊙是教材之外增加的内容,主要包括"整理和复习"、数学比赛、实践活动。这些内容依据该年龄段学生的特点而设置,有利于引导学生养成良好的学习习惯,培养运用知识解决问题的能力,增强数学学习兴趣。

实施

一、课程资源

1. 人民教育出版社一年级《数学(下册)》教科书。

2. 教师自制的相关教学 PPT,口算卡片;充分利用现有的郑州"优教班班通——数字教育资源公共服务平台"(http://ha.czbanbantong.com)的资源以及人民教育出版社网站(http://www.pep.com.cn)的资源。

3. 学校周边的超市;家长帮助制作、准备的学具。

二、教/学方法

1. 本学期仍延续"生本课堂"的学习方式,通过前置性作业的探究和交流,在教师的引导和点拨下,经历知识的形成过程,初步培养自主学习和探究的能力。教师要注重了解学生的已有知识和经验,发现学习的困惑,把握生成,即时评价,促进学生的学习。

2. 本学期根据学习内容安排两次数学实践活动,一次是"拼一拼",在 4 月中旬进行,学生利用教师准备的平面图形进行 30 分钟的拼图,10 分钟的作品展评,针对作品的质量和创意进行评分;另一次是"我当家"综合实践活动,安排在 5 月底,将组织全班学生进行一次模拟超市的购物活动,每人分发一套"人民币"学具,按要求购物,根据购物计算的正确性和购物方案的多少来计分。

3. 数学学习不但注重结果,更要注重过程。要善于把自己的想法说出来,和大家交流。要力求达到不但会做,还要知道这样做的道理,并通过相关的数学练习来巩固知识。要建立纠错本,做到及时纠错。

评价

学期总评成绩＝过程性评价成绩＋期末考试成绩

一、过程性评价成绩(30 分)

过程性评价成绩＝课堂表现(10 分)＋作业表现(5 分)＋数学实践活动表现(10 分)＋口算比赛成绩(5 分)

评价内容	评价要素	等第描述
课堂表现(10 分)	习惯	根据上课听讲、参加数学活动、思考问题和主动发言的情况分为五个等级:5 分、4 分、3 分、2 分、1 分。
	合作	根据和同学间讨论问题合作的情况分为三个等级:5 分、3 分、1 分。

续 表

评价内容	评价要素	等第描述
作业表现(5分)	态度、质量	根据完成作业是否及时,态度是否认真,作业的质量和纠错情况分为五个等级:5分、4分、3分、2分、1分。
数学实践活动表现(10分)	拼一拼	根据动手能力、创新表现分为五个等级:5分、4分、3分、2分、1分。
	我当家	根据购物方案的合理性和计算的正确率分为五个等级:5分、4分、3分、2分、1分。
口算比赛成绩(5分)	速度和正确性	在规定的时间内根据算对的题数分为五个等级:5分、4分、3分、2分、1分。

说明:两次数学活动的评价者有教师和学生,其余过程性评价评价者都是教师。

二、期末考试成绩(70分)

以期末测试成绩为准,得分按70%计入学期总评成绩。

三、学期总评成绩结果呈现

共分为四个等级:优(≥95分)、良(85~94分)、合格(60~84分)、不合格(<60分)

说明:根据学生的最后得分,按结果呈现的四个等级进行等级评定,并记录在素质报告手册上。"不合格"等级的学生,按学校规定,可以申请补考,补考后按补考分数重新进行等级评定。

教案 1：十几减 9 退位减法

教材来源： 小学一年级《数学》教科书/人民教
育出版社 2012 年版

内容来源： 小学一年级《数学（下册）》第二单元

主　　题： 20 以内的退位减法

课　　时： 共 12 课时，第 1 课时

授课对象： 一年级学生

设 计 者： 李志华/郑州市中原区教学研究室

目标确定的依据

1. 课程标准相关要求

能熟练地口算 20 以内的减法，经历与他人交流各自算法的过程，能运用数的运算解决生活中简单的问题。

2. 教材分析

一年级上学期学习了 10 以内的加减法、20 以内的进位加、十加几、十几加几及相应的减法（不进位、不退位），并学会了利用相关的知识解决求总数、求剩余的问题；生活中求剩余的现象很多，需要用到更大的数来解决，那么 20 以内的退位减

就是学生学习的需求;牢固掌握20以内的退位减是小学阶段计算的核心,而退位减是小学计算的重点和难点,又是今后学习多位数减法的基础。本节课是20以内退位减的第一课,是基础中的基础,让学生掌握方法、明白口算的道理非常重要。

3. 学情分析

通过课前调查发现,学生能正确计算十几减9的题目,而且方法多样,以数手指、画图、用小棒摆等直观方法居多,还有部分学生会用破十法,相加算减,借助十几减10来推算十几减9、连续减等方法来解决,说明学生有自主探究的能力,但速度很慢,没有形成一定的计算技能,而且方法的各异体现出学生的能力差别很大。因此,帮助学生自主探究算理,掌握又对又快的方法是非常重要的。

目标

1. 通过小组内的观察和操作,会用自己的语言表达"15−9"的口算方法。

2. 通过口算"15−9",对比各种口算方法,会选择优化的方法正确口算"十几减9"。

3. 在解决问题的过程中,感受数学来源于生活,能正确运用"十几减9"解决生活中相关的实际问题。

评价任务

任务1:以小组为单位,互相说一说自己口算"15−9"的方法。

任务2:回答两个问题:"说一说,你是怎样口算'15−9'的?"和"哪种方法算得又对又快?";选择又对又快的方法口算"13−9";完成做一做第2题和第11页第2题。

任务3:完成教材第11页第8题,编一道用"十几减9"解决的实际问题。

教学过程

教学环节	学生的学	教师的教	评价要点
环节一 回忆旧知,活动引入	学生口算,并说出口算方法。	出示 5 张 20 以内进位加法口算卡,要求用"凑十法"口算。	会用"凑十法"口算。
环节二 提出问题,探索方法	观察、交流图中内容,说信息,提问题,列式并说出计算道理。 知道什么是退位减。 四人一组探索并交流解决问题的方法。	呈现主题图,定格在卖气球的情境上,引导学生找条件,提问题,列式并说出理由。 出示"15-9"与"15-4",引导学生对比观察。明确什么是退位减法,让学生探索交流解决"15-9"退位减的方法,巡视指导,了解情况。	会提出减法问题。 至少能用一种方法解决"15-9"。
环节三 汇报交流,梳理方法	汇报交流口算方法,结合小棒说清破十的过程和方法。	提问:你是怎样口算"15-9"的? 梳理方法,重点引导"破十法"。	学生都能说清口算方法。
环节四 对比分析,感悟优法	用自己认为较好的方法与同桌交流"13-9"的口算。解决"做一做"的题,说口算的方法。 参与送信活动,说口算方法。 观察十几减 9 的规律,尝试说出原因。	提问:"哪种方法算得又对又快?"选择喜欢的方法计算"13-9"。 出示"做一做"的第 2 题和第 11 页的送信游戏,让学生独立做。 把十几减 9 的算式按顺序整理,提问:"有什么发现?""十几减 9 的差为什么比被减数个位上的数多 1?""你更喜欢用什么方法口算十几减 9?	在老师的引导下,悟出"破十法"口算十几减 9 的准确与快捷。
环节五 解决问题,体会运用	独立解决第 8 题,交流解题思路。独立编写一道实际问题。	呈现第 11 页第 8 题。 让学生编一道用"16-9"解决的实际问题。	能将所学知识与生活实际建立联系。
全课小结,拓展方法	学生尝试总结。	通过今天的学习,有什么收获? 通过自己的探究,发现"破十法"是解决十几减 9 又快又对的方法,"破十法"能解决十几减 8、减 7……吗? 请同学们课下思考,尝试。	至少能说出一方面的收获。

附:所需条件

学具准备:为每小组准备 1 捆零 5 根小棒(1 捆 10 根)。

02　数学(四年级下册)课程纲要

课程名称: 数学

课程类型: 必修

教材来源: 人民教育出版社 2004 年版

适用年级: 小学四年级

课　时: 90 课时

设　计　者: 常立钢/郑州经济技术开发区实验小学

背景

　　小学四年级学生需要在前三年学习的基础上,对整数的认识和相关计算进行整理、总结和提升,完成整个小学阶段对整数的认识和相关计算的学习,为学习分数和小数方面的内容做好铺垫,促进数感和运算能力得到较高水平的发展。在前三年经验的基础上,四年级学生需要不断丰富图形和数据分析方面的数学活动经验,促进空间观念和数据分析观念的进一步发展。在问题解决方面,四年级学生需要通过观察、猜测、实验、推理等活动,感受数学魅力,逐步体会基本的数学思想方法,促进创新意识和应用能力的发展。进入三年级后,小学生的数学成绩开始分化,需要进一步提高学习兴趣,增强数学学习的信心。

目标

1. 结合具体情境,完成对大数的认识,感受和体会大数在日常生活中的应用,进一步发展数感。

2. 通过知识迁移,掌握笔算三位数乘两位数的乘法、除数是两位数的除法,会运用相关计算解决生活中的数学问题,初步形成综合运用数学知识解决问题的能力。

3. 结合生活情境和探索活动,认识直线、射线、角、垂线、平行线,掌握平行四边形和梯形的特征,进一步发展空间观念。

4. 在具体的情景中,经历复式条形统计图和复式折线统计图的产生过程,能看懂复式条形统计图和复式折线统计图,初步形成数据分析观念。

5. 通过小组交流和教师引导,初步了解运筹的思想,初步形成观察、分析及推理的能力,增强应用意识和数学学习兴趣。

内容

单元	单元专题	学习内容	课时	课程内容调整说明
	开学第一课	⊙分享《课程纲要》	1	⊙增加:了解、规划本期学习
1	大数的认识	亿以内数的认识	6	⊙增加:回顾三年来数的认识历程,形成知识结构
		十进制计数法	1	
		亿以上数的认识	3	
		⊙整数认识梳理	1	
		计算工具	1	
		整理和复习	1	
	1亿有多大	1亿有多大	1	⊙增加:数学长作业指导课
		⊙数学长作业指导	1	
2	角的度量	直线、射线和角	2	⊙调整:角的分类放在角的度量之前 ⊙删除:角的分类中用具体度数探索各类角之间关系的内容
		⊙角的分类	1	
		角的度量	2	
		画角	2	
		整理和复习	1	

续 表

单元	单元专题	学习内容	课时	课程内容调整说明
3	三位数乘两位数	口算乘法	3	⊙增加:整数乘法回顾,突出笔算算理,孕伏运算定律和多位数乘法
		笔算乘法	9	
		⊙整数乘法算理回顾	1	
		整理和复习	1	
	期中复习	前三个单元整理	3	
		测试	1	
		评价	1	
4	平行四边形和梯形	垂直和平行	4	
		平行四边形和梯形	4	
		整理和复习	1	
5	除数是两位数法	口算除法	3	⊙增加:整数除法回顾,突出笔算算理,孕伏除数是多位数的除法
		笔算除法	15	
		⊙整数除法算理回顾	1	
		整理和复习	1	
6	统计	复式条形统计图(纵向)	1	
		复式条形统计图(横向)	2	
		整理和复习	1	
	你寄过贺卡吗?	你寄过贺卡吗?	1	⊙增加:数学长作业指导课
		⊙数学长作业指导	1	
7	数学广角		5	
	期末复习	自主复习	4	
		测试	2	
		评价	1	

实施

1. 通过分享学期《课程纲要》,认识《课程纲要》在数学学习中的作用,学期中尝试对照学期《课程纲要》进行自我评价,逐步学会规划自己的学习。

2. 在练习课和复习课的学习中,积极完成课前小研究等前置性作业,学会带着问题在学习小组内发言,尝试通过合作和交流学习新知。

3. 除了教科书,生活中也有着丰富的数学学习资源,要经常思考生活中的数学问题,不断积累数学活动经验,利用已有经验促进对新知识的学习。

4. 课堂上积极思考,充分利用数学学具进行动手操作活动,深入理解数学概念形成的过程,从原理上理解数学概念,感悟数学思想。

5. 学会思考数学知识间的前后联系,认真梳理前三年整数的认识和相关计算,形成新的知识结构,通过知识迁移去学习新知识。

6. 做题时进一步完善审题的方法,养成纠错的习惯。认真完成各种实践类作业,学会写数学长作业,围绕生活中遇到的实际问题,积极开展数学综合实践活动。

评价

本学期学业评价总分 100 分,结果以等级呈现,评价项目包括过程性评价(占 30%)和期末终结性评价(占 70%)两部分。学业评价成绩≥85 分为优秀,70～84 分为良好,60～69 分为及格,低于 60 分为不及格。不及格者需要查漏补缺后进行补考。

评价的具体要求如下:

过程性评价(权重:30%)			
评价项目	评价要素	评价等第描述	评价方式
课堂表现 (权重:10%)	课堂常规 (权重:5%)	认真听讲、积极发言、独立思考、主动参与	根据思考、交流、合作的程度分为 A、B、C、D 四个等级,分别得 5 分、4 分、3 分、2 分。	学习小组记录表现
	课堂操作技能 (权重:5%)	动手能力、算理描述、创新意识	根据任务完成情况分为 A、B、C、D 四个等级,分别得 5 分、4 分、3 分、2 分。	课堂观察组内互评
作业评价 (权重:10%)	一般作业 (权重:5%)	作业态度、作业质量、纠错习惯、应用能力	根据作业完成情况将作业等级分为 A、B、C、D 四个等级,分别得 5 分、4 分、3 分、2 分。	作业批改记录
	数学长作业 (权重:5%)	参与积极性、问题解决能力、数学意识		
期中阶段性评价 (权重:10%)		数感、符号意识、空间观念、数据分析观念、运算能力、问题解决等能力的发展水平	卷面满分 100 分	纸笔测试 (40分钟)

续　表

期末学业终结性评价(权重:70%)			
评价项目	评价要素	评价等第描述	评价方式
期末学业终结性评价 (权重:70%)	数感、符号意识、空间观念、数据分析观念、运算能力、问题解决等能力的发展水平	卷面满分100分	纸笔测试 (80分钟)

教案 2：角的度量

> **教材来源：** 小学四年级《数学》教科书/人民教育出版社 2004 年版
>
> **内容来源：** 小学四年级《数学（下册）》第二单元
>
> **主　　题：** 角的度量
>
> **课　　时：** 共 2 课时，第 1 课时
>
> **授课对象：** 四年级学生
>
> **设 计 者：** 常立钢/郑州经济技术开发区实验小学

目标确定的依据

1. 课程标准相关要求

能用量角器量指定角的度数。

2. 教材分析

在二年级上册"初步认识角和直角"、二年级下册"认识钝角和锐角"的学习基础上，本课将进一步学习角的认识——角的度量。通过对角的度量的学习，培养学生的估测意识，增强动手操作能力，经历和体验数学知识的产生过程，进一步发展

空间观念。

3. 学情分析

本班学生男生所占比例较高,大部分孩子活泼爱动,求知欲望强,喜欢动手操作。引导学生经过动手实践,尝试创造量角的工具,能提高课堂学习的积极性,符合本班学生的思维特点。

目标

1. 在角的大小比较中,能准确说出 1°角和 360°角的含义。
2. 通过经历量角器制作的过程,能用自己的话描述出角的度量方法。
3. 通过不断总结和练习,能用量角器度量出指定角的度数。

评价任务

任务 1:课堂提问,说一说什么叫 1°角和 360°角。(测评目标 1)

任务 2:课堂提问,用自己的话说一说角的度量方法。(测评目标 2)

任务 3:完成课堂巩固练习 1~3 题。(测评目标 3)

教学过程

	教与学的活动	评价要点
环节一:在角的大小比较中,引出角的度量单位	1. 课件分别呈现一个锐角、直角、钝角、平角和周角,让学生判断哪一种角最大,并说出理由。 2. 启发学生思考,如何表示周角有多大,引出角的度量单位。学生自学有关规定,并个别提问什么叫 1°角和 360°角。(板书课题"角的度量")	将周角平均分成 360 份,其中每一份所对应的角的大小叫做 1 度,记作 1°。

教与学的活动		评价要点
环节二：在感受"度"的过程中，积累"量"角的需要	1. 全班学生在教师的指导下用身体的转向来感受 360°的大小。 2. 引导学生用铅笔的旋转，感受 180°和90°的大小，全班齐做，个别演示。 3. 课件出示一个平角(平角均分 180 份，显示出 1°的小角)和角 1,要求学生根据平角的度数估计出角 1 的度数。 	40°左右,因为这个角的大小接近直角的一半,但差了一点点。
环节三：在尝试制作量角工具的过程中,逐步总结角的度量方法	1. 启发学生思考：能否得到角 1 的具体度数? 2. 要求学生拿出学具,在小组内合作交流：想一想,如何让这个"平角"更方便地量角?(学生动手,尝试改造) 3. 提示,通过对这个平角的"改造",已经成为一个可以量角的工具——量角器。全班交流：想一想,如何用这个"量角器"量角? 4. 全班交流,启发学生思考：制作的量角器和文具店买到的量角器相比,有什么不同? 能否将我们制作出的"量角器"变得更加完善? 5. 小组内交流：请完整地说一说,如何用量角器量角? 然后全班交流。	1. 将角 1 放在平角的适当位置,数出角 1 里含有多少个 1°的小角。 2. 在平角一条边旁标出 0 度,表示起点,另一条边处标 180°,表示终点。每 10 度画一条长的刻度线,标出刻度,更便于数出度数。 3. 量角器的中心点和角的顶点对齐,量角器的零刻度线和角的一条边对齐,再看另一条边所对应的刻度线。 4. 文具店买的量角器有两圈刻度。再增加一圈刻度线,这样两侧都有 0°刻度线。 5. 如果角的一条边与左侧的 0 度刻度线对齐,就看外圈的刻度,反之,看内圈的刻度。

教与学的活动	评价要点
环节四:在巩固练习中掌握量角的方法,并进行全课总结	1. 课件出示,让学生判断出正误并说明理由。 140°　　　70° 160° 2. 课件出示,让学生快速读出角的度数。有针对性地提问,查漏补缺。 3. 出示一些角,让学生用量角器量出度数。全班齐量,个别演示。(课本第 39 页第 4 题) 4. 全课小结:谁能完整地总结一下如何用量角器量角的大小?	1. 分别是中心点不对齐、0 刻度线不对齐、内外圈刻度看错。 2. 有针对性地提问,查漏补缺。 3. 有针对性地展示,查漏补缺。 4. 量角器的中心点和角的顶点对齐,量角器的零刻度线和角的一条边对齐,再看另一条边所对应的刻度线。如果角的一条边与左侧的 0 度刻度线对齐,就看外圈的刻度,反之,看内圈的刻度。

附:

课后作业:量一量,下面的角各是多少度? (课本第 38 页第 2 题)

03 数学（五年级上册）课程纲要

课程名称：数学

课程类型：必修

教材来源：人民教育出版社 2009 年版

适用年级：小学五年级

课　　时：90 课时

授课对象：小学五年级学生

设 计 者：连　珂/郑州市教育局教学研究室

背景

　　本册教材内容涉及数学课程内容的各个领域，而且结合教学内容安排了许多体现数学文化的阅读材料，有助于学生初步认识数学与人类生活的密切联系，感受数学的价值。具体表现：

　　数与代数领域中的"小数乘除法"单元，是本册教学的重点和难点，知识容量大，计算过程比四年级复杂，还突出了计算学习与解决问题学习相结合。"简易方程"单元是小学阶段正式学习代数初步知识的单元，它不但有助于巩固和加深前面所学的算术知识，还可以利用解方程，大大提高用数学解决问题的能力，是小学阶段数学方法上的一次飞跃。空间与图形领域提供的资源，注重学生动手实践和积极思考。"观察物体"单元，是在第一学段学习的基础上进一步扩展和提高，强调观察物体后对结果的分析。"多边形的面积"，是在认识多边形的特征及面积定义后，去学习多边形面积的知识。统计与概率领域,在前四年学习的基础上,以学生感兴趣的生活事例为资源,发展学生的统计观念。

本期课程内容知识点散、多,难度相比以前增大不少,但五年级的学生已具有一定的知识和生活经验,只要在平时的学习中,注重对思维能力、口头表达能力、动手操作能力的训练,养成踏实、细致的学习态度,应能顺利完成学习任务,并为今后的学习打下良好基础。

目标

1. 自主探索小数乘除法的计算方法,充分与他人交流各自算法的过程,并能表达自己的想法;会利用相关计算,解决生活中的数学问题。

2. 能在具体情境中用字母表示数及数量关系;利用天平平衡的原理,理解方程的意义,能运用等式的性质解方程,并在用方程解决实际问题中,体验方法的多样性。

3. 通过观察实物,辨认从不同方向看到的物体形状;通过动手操作,探索并掌握平行四边形、三角形和梯形的面积公式;通过学习,进一步发展空间观念。

4. 通过实验、游戏等活动,体验事件发生的可能性以及游戏规则的公平性,能定量描述一些简单的随机现象,并能进行交流。

5. 结合实际情境,体验发现和提出问题、分析和解决问题的过程,初步获得在给定目标下,设计解决问题方案的经验。

内容

课程内容			课时
开学第一课		分享《课程纲要》	1
数与代数	数的运算	小数乘整数、小数	6
		积的近似数	1
		连乘、连加、乘减	2
		小数的简算	1

续 表

课程内容			课时
		小数除以整数、小数	8
		商的近似数	2
		循环小数	2
		用计算器探索规律	1
		解决问题	4
		整理和复习	3
	式与方程	用字母表示数	6
		方程的意义	2
		解方程	6
		稍复杂的方程	6
		整理和复习	3
图形与几何	图形的认识	观察物体	3
		整理和复习	2
	图形的测量	平行四边形的面积	2
		三角形的面积	2
		梯形的面积	2
		组合图形的面积	2
		整理和复习	4
统计与概率	可能性	可能性	2
	统计	中位数	1
		整理和复习	2
综合与实践	量一量　找规律		1
	铺一铺		1
	整理和复习		1
数学广角			4
总复习			5
期末测试			2

实施

一、课程资源

1. 义务教育课程标准实验教科书《数学》五年级上册,人民教育出版社,2009年3月第3版。

2. 必要的教具和学具:正方块、长方块、直尺、三角板、剪刀、用于制作简易天平的材料、自制简易秤的材料、硬纸板做的几何图形、转盘、骰子、几个使用过的信封、身份证复印件等。

3. 教师编制的口算试卷6份,数学游戏活动设计方案3份。

4. 郑州"优教班班通——数字教育资源公共服务平台"(http://ha. czbanbantong. com)中的学习资源,有关等式、方程的史料。

二、学习活动

1. 以4人为单位建立学习小组,每周在组内进行一次速算比赛,在课堂上积极开展小组合作并解决问题,每个月重新分组并转换角色。

2. 按照学习进度参加称秤、拼图、走访图书管理员等实践活动。

3. 上网查阅有关邮政编码、身份证号码编制的资料。

4. 完成一次实践操作作业,要求综合应用所学知识,解决指定的某个生活中的实际问题(10月底给出题目,3周内完成)。要求:一般采用数学日记、数学小论文、手抄报三种形式之一,数学日记、数学小论文不超过600字,手抄报为2个A4版面。

评价

本学期课程评价由过程性评价和结果性评价两部分组成,成绩以百分制呈现,过程性评价占30%,结果性评价占70%。若成绩低于60分,可申请补考。

一、过程性评价(30%)

过程性评价＝课堂评价(10 分)＋作业评价(10 分)＋速算能力表现与单元检测(10 分)

评价项目	评价要素	评价等级
课堂评价	1. 积极思考老师提出的问题,主动举手发言,并能有条理地表达自己的想法。在学习过程中,有质疑精神,善于提出一些有价值的数学问题。	A. 好 (5分) B. 比较好(3分) C. 一般 (1分)
	2. 积极参加数学活动,在活动中愿意和同学讨论数学问题,乐于帮助他人,遵守数学活动秩序。	A. 好(5分) B. 比较好 (3分) C. 一般(1分)
作业评价	1. 按时并独立完成作业,书写认真,差错少。能及时订正课堂及家庭作业中的错题,并主动请教师再次批改。	A. 好(5分) B. 比较好(3分) C. 一般(1分)
	2. 按时完成教师布置的实践操作作业。	A. 好(5分) B. 比较好(3分) C. 一般(1分)
速算能力的表现与单元检测	1. 每节课前都能完成"速算3分钟"的作业,至少90%的题目正确。	A. 好(5分) B. 比较好(3分) C. 一般(1分)
	2. 认真对待每次的速算比赛和单元测试,能在测试后及时总结出错误的原因,做与错题同类型的题目,主动补学不会的知识。	A. 好(5分) B. 比较好(3分) C. 一般(1分)

二、结果性评价(70%)

以期末学业水平测试(满分 100 分)卷面成绩的 70%计入。

教案 3：平行四边形的面积

教材来源：小学五年级《数学(上册)》教科书/
人民教育出版社 2009 年版

内容来源：小学五年级《数学(上册)》第五单元

主　　题：平行四边形的面积

课　　时：共 2 课时，第 1 课时

授课对象：五年级学生

设 计 者：连　珂/郑州市教育局教学研究室

目标确定的依据

1. 基于课程标准的思考

《数学课程标准(2011 年版)》有关本课的要求是：探索并掌握平行四边形的面积公式，并能解决简单的实际问题。这就要求掌握公式、解决问题，都应在"探索"的基础上进行，探索结果的呈现需要学生能清晰地表达自己的思考过程。

2. 教材分析

本节课是小学数学人教版五年级上册第五单元"多边形的面积"的第一课时，是学生进一步学习三角形面积、梯形面积等知识的基础。教材引领学生经历"提出

问题——迁移——转化——推导——解决问题"这样一个过程,为学生学习其它平面图形面积公式的推导建立模型。

本节课的关键就是让学生充分体会"转化"思想。

3. 学情调查分析

课前,对 51 名同学进行问卷调查,结果显示:

调查项目	能说出平行四边形特征	想到用数方格的方法求平行四边形面积	会用公式正确求平行四边形的面积	能说出公式的推导过程
人数	48	34	4	1

由上表可见,绝大部分学生能回忆出平行四边形的基本特征,大部分学生具备了用数方格方法求图形面积的经验,少部分学生即使会用公式求平行四边形的面积,也更多是停留在知道结果的阶段上。

因此要开展猜想、动手、验证、应用等数学活动,让学生去经历"探究",体会"转化",学会"应用"。

目标

1. 通过动手操作、小组交流等活动,能用自己的话向同伴说出平行四边形面积的推导过程,体会转化思想。

2. 通过观察转化后的图形,正确总结出平行四边形面积计算公式,并能用字母表示。

3. 能运用平行四边形面积的计算公式正确计算平行四边形的面积,并能解决与例题类似的实际问题。

评价任务

1. 在小组内互相说一说,怎样把平行四边形转化成学过的图形。

2. 向同桌说出平行四边形的面积公式,并在练习本上用字母表示。

3. 对同学的板演情况作出正误判断,并独立完成课堂练习题。

教学过程

教学环节	教学活动	评价要点
环节 1 创设情境 激趣导学	教师:一个长方形花坛,一个平行四边形花坛,哪一个大? 教师:同桌互相说一说,你是怎样用数方格的方法得出平行四边形花坛面积的?	学生用数方格的办法正确数出平行四边形的面积,并能完整叙述数出的过程。
环节 2 动手操作 体会转化	教师:不用数方格,能不能计算平行四边形的面积呢? 学生活动1:利用学具(平行四边形的硬纸片),剪一剪,拼一拼,自己探究平行四边形面积的计算方法。 教师巡视指导。 学生活动2:小组内交流,互相说一说,怎样把平行四边形转化成学过的图形。 组内交流结束,选2~3 个不同小组的代表在全班交流。	1. 学生能说出为什么要把平行四边形转化成长方形。 2. 小组代表用自己的语言完整地说出操作的过程。
环节 3 观察推理 归纳小结	教师:观察拼出的长方形和原来的平行四边形,你发现了什么? 学生活动:把自己的发现与同桌互相说一说,试着总结平行四边形面积的计算方法。 教师引导全班学生写出面积公式的字母表达式。	1. 学生能用准确的语言叙述剪拼前后平行四边形和长方形面积的关系,并正确总结出平行四边形面积的计算公式。 2. 至少90%的学生能说出平行四边形面积计算公式并能正确书写。
环节 4 及时反馈 巩固提高	例题:平行四边形花坛的底是 6 米,高是 4 米,它的面积是多少? 练习题:平行四边形停车位底 5 米,高 2.5 米,面积是多少? $6 \times 4 = 24 (m^2)$ 两名学生板演,并向同学们讲述自己的思考过程,其他学生独立完成练习题。	全班至少90%的学生能正确运用面积计算公式计算平行四边形的面积,格式规范。

教学环节	教学活动	评价要点
环节 5 全课小结 拓展延伸	学生总结学习收获,教师适时、适当补充。 拉动这个长方形框架,在拉动的过程中什么变了? 什么没变? 你有什么思考? 	1. 学生能说出通过转化的方法得到平行四边形面积的计算公式。 2. 学生能说出平行四边形面积的计算公式并能用字母表示。

04　数学(七年级上册)课程纲要

课程名称:数学

课程类型:必修

材料来源:北京师范大学出版社 2011 年版

适用年级:初中七年级

授课时间:90 课时

设 计 者:冯瑞先/郑州市教育局教学研究室

　　　　　　李雪田/河南省实验中学

背景

　　学生在小学阶段已经学习了数、数的运算、式与方程、图形与几何、图形的运动、统计与概率等知识,已具备了一定的概括和归纳总结能力,学会了简单的分析和解决问题的方法,也积累了一定的学习活动经验。本学期要学习丰富的图形世界、有理数及其运算、整式及其加减、基本平面图形、一元一次方程、数据的收集与整理、综合与实践七个单元的内容,还要经历"使用各种数学语言、符号表达、建立数学模型、理解并掌握相应的知识与技能"的学习过程。由于初中七、八、九三个年级绝大多数的学习内容是一致的,只是难度呈螺旋式上升,所以七年级的学习将为八、九年级的数学学习奠定坚实的基础。

目标

1. 经历有理数、代数式、一元一次方程等知识的学习过程,建立数感,培养符号意识;初步学会从数、式及方程的角度发现问题、提出问题,获得分析问题和解决问题的基本方法。

2. 通过直观观察、探究等活动,经历图形的抽象、分类、性质探讨等过程,掌握"生活中的立体图形、线段和角"等基础知识,进一步发展空间概念。

3. 通过经历现实生活中收集、处理、分析数据等过程,掌握"数据的收集与整理"等知识,体会根据不同的统计数据选择相应统计图的方法。

4. 通过参与"探索神奇的幻方"等实践活动,积累综合运用数学知识和数学方法解决简单实际问题的数学活动经验,体验获得成功的乐趣,树立学好数学的自信心。

内容

课题	课时	课题	课时
分享《课程纲要》	1		
第一章 丰富的图形世界		第二章 有理数及其运算	
1. 生活中的立体图形	2	1. 有理数	1
2. 展开与折叠	2	2. 数轴	2
3. 截一个几何体	2	3. 绝对值	2
4. 从三个方向看物体的形状	2	4. 有理数的加法	2
回顾与思考	1	5. 有理数的减法	1
		6. 有理数的加减混合运算	3
		7. 有理数的乘法	2
		8. 有理数的除法	1
		9. 有理数的乘方	2
		10. 科学记数法	1
		11. 有理数的混合运算	3
		12. 用计算器进行运算	1
		回顾与思考	1

续　表

课题	课时	课题	课时
第三章　整式及其加减		第四章　基本平面图形	
1. 字母表示数	1	1. 线段、射线、直线	2
2. 代数式	2	2. 比较线段的长短	1
3. 整式	1	3. 角	1
4. 整式的加减	3	4. 角的比较	2
5. 探索与表达规律	2	5. 多边形和圆的初步认识	1
回顾与思考	1	回顾与思考	1
期中复习测试	3		
第五章　一元一次方程		第六章　数据的收集与整理	
1. 认识一元一次方程	2	1. 数据的收集	1
2. 求解一元一次方程	3	2. 普查和抽样调查	1
3. 应用一元一次方程——水箱变高了	1	3. 数据的表示	3
4. 应用一元一次方程——打折销售	2	4. 统计图的选择	2
5. 应用一元一次方程——"希望工程"义演	1	回顾与思考	1
6. 应用一元一次方程——追赶小明	2		
回顾与思考	1		
综合与实践		总复习	8
1. 探寻神奇的幻方	2	期终测试	2
2. 关注人口老龄化	2		
3. 制作一个尽可能大的无盖长方体形盒子	2		
回顾与思考	1		

实施

1. 数与代数

　　本模块是本册书学习的基础和重点,学习可从三个方面突破:①经历有理数、数轴、相反数、绝对值、乘方和一元一次方程等概念的产生过程;②掌握有理数加、减、乘、除、乘方的运算法则,有理数的混合运算及解一元一次方程的技能;③在运用有理数和方程知识解决问题的过程中感知"建模"思想。

　　具体实施策略:依据小学学习的数的基础,借助大量的生活、生产实例引入有理数,从算术到有理数,将数的范围进一步扩大。由本册书的知识梯度出发,大致线索可采用:认识负数→理解数学符号的含义→建立并理解有理数概念→探索有理数运算法则→进行有理数运算→借助现实情景从探究中了解代数式→理解用字母表示数的含义→会进行式的运算→借助生活背景体会数学模型思想→理解方程产生的意义→学会解方程→应用有理数、方程解决实际问题。

学习提醒:学习中要重视口算,加强估算,鼓励使用不同的运算方法;在运用所学知识解决实际问题的过程中,避免将运算与应用割裂开来。

2. 图形与几何

本模块主要突破两方面内容:简单的立体图形和基本平面图形。

具体实施策略:从现实生活情景和实物出发,抽象出几何图形进行学习。大致线索可采用:直观观察现实生活中的实物或具体模具→抽象出几何图形→理解简单立体图形的特点→平面几何图形中线段和角的认识、理解及大小比较。

学习提醒:本板块知识比较抽象,学习中要借助自制教具和课件,将抽象问题直观化;多采用动手操作、小组合作交流等活动,在积累数学活动经验的同时,理解图形特征,初步建立空间概念。

3. 统计与概率

本模块以生活实例为载体,按照统计的要求和解决实际问题的情况展开学习。大致线索可采用:生活中的事件→选取适当方式进行调查→数据收集→整理和表示数据→分析处理数据→得出结论。

学习提醒:统计活动,包含不同的环节:活动中要选取具体的活动载体;保证充分的活动时间;通过动手操作、合作交流参与整个过程;完成统计活动。结合班级具体情况,用适当的方式调查本年级学生的视力情况,并用恰当的统计图进行分析。

4. 综合与实践

本模块可通过"设计幻方"比赛、调查人口老龄化问题、制作尽可能大的长方体盒子三个实践活动进行。幻方可采用自学、多次分组的形式进行比赛,在一次次比赛中发现幻方中蕴含的数学规律并获得成功的喜悦。调查活动可针对"人口老龄化问题"进行合理分组、调查、整理数据、分析数据、得出结论。盒子制作:"用边长为 20 cm 的正方形制作一个体积尽可能大的长方体盒子",课前完成,课上展示作品并表述操作过程。

学习提醒:以上三个活动,整个实践过程应有足够时间,要自己或小组独立完成。

评价

1. 过程评价(30 分)

过程评价成绩 = 课堂表现(10 分) + 作业表现(10 分) + 综合实践作业表现(10 分)

评价内容	评价指标	评价标准	评价者
课堂表现	认真听讲、参与探究、小组互动、讨论合作、阐述自己观点。	学习积极主动、课堂参与度高的得 10 分;不够积极主动但能参与的得 5~9 分;不积极参与的得 0~4 分。	教师
课堂作业表现	认真程度、正确率、及时纠错情况、作业反思情况。	四个方面都能很好做到的得 10 分;四个方面有一到两方面做得不好的得 5~9 分;四个方面有三到四方面做得不好的得 0~4 分。	教师、小组长
综合实践作业表现	用适当方式调查本年级学生的视力情况,并用恰当的统计图进行分析。	态度认真,作业完成很好的得 10 分;态度认真、作业完成一般的得 7~9 分;态度、作业都一般的得 4~6 分;态度、作业都不好的或不交作业的得 0~3 分。	自评后,小组长复评,教师终评

2. 结果评价(70分)

结果评价＝期中考试成绩(满分100分,按10％计入)＋期末考试成绩评价(满分100分,按60％计入)。

3. 学期总评成绩(100分)

学期总评成绩 W (100分) ＝ 过程评价成绩(30分)＋结果评价成绩(70分)。

$85 \leqslant W \leqslant 100$ 为优秀; $75 \leqslant W < 85$ 为良好;

$60 \leqslant W < 75$ 为合格, $0 \leqslant W < 60$ 为不合格;

不合格者,下学期第一周提供一次补考机会。

教案 4：比较线段的长短

教材来源：初中七年级《数学(上册)》教科书/
北京师范大学出版社 2011 年版

内容来源：初中七年级《数学(上册)》第四章第
二节

主　　题：比较线段的长短

课　　时：1 课时

授课对象：七年级学生

设 计 者：冯瑞先/郑州市教育局教学研究室
李雪田/河南省实验中学

目标确定的依据

1. 课程标准相关要求

会比较线段的长短；理解线段的和、差以及线段中点的意义。

2. 教材分析

"比较线段的长短"是平面图形的重要基础知识。对学生平面几何的入门学习、几何语言的培养、空间与图形的认识，乃至后期的学习都具有重要的作用。

3. 学情分析

学生已经学习了丰富的图形世界、线段、射线、直线等知识,知道了线段的描述性概念和表示方法。本节课主要学习线段长短的比较方法、两点之间线段最短的基本事实和会作线段的和、差。对学生而言,概括出"两点之间线段最短"的基本事实和归纳总结出比较线段长短的方法是难点,应该从已有的生活经验出发,通过观察生活情境、动手操作、合作交流引导学生予以解决。

目标

1. 通过感受现实生活情景,经历折纸等动手操作活动,理解"两点之间的距离"的概念,掌握"两点之间线段最短"的基本事实。

2. 借助数学工具会比较两条线段的长短,理解"线段的中点"的产生过程。

3. 通过动手操作了解圆规的用途,会用圆规作一条线段等于已知线段,并能作出两条线段的和、差。

4. 通过对"线段长度的比较"的理解,在经历动手操作、合作交流的过程中,用"两点之间线段最短"的基本事实,解释"比较两个四边形的周长大小"的实例。

评价任务

1. 动手度量实例中"两点之间的距离";说出"两点之间线段最短"的基本事实。

2. 用刻度尺比较两条线段的长短并展示结果;用自己的语言归纳总结出比较两条线段长短的不同方法;动手折出一条线段的中点,并指出中点的位置。

3. 用圆规画出一条线段等于已知线段;已知线段 a、b,作出线段 c,使 $c = a + b$;在图形中用不同方法比较线段的长短,并说出比较方法。

4. 选择恰当的方法比较两个四边形的周长的大小,并用"两点之间线段最短"的基本事实解释。

教学过程

学习环节	评价要点	教学流程
探索新知	1. 动手度量 A 到 C "两点之间的距离"; 2. 引出概念; 3. 获得基本事实。	1. 回顾:线段、射线和直线之间的联系和区别; 　活动一:展示一张多媒体图片,让学生猜测"从 A 到 C 的四条道路,哪条最短?" 2. 引出概念:两点之间线段的长度,叫做这两点之间的距离。 3. 获得基本事实:两点之间的所有连线中,线段最短;简述为:两点之间线段最短。(评价任务 1)
自主探究	1. 比较两条线段的长短并展示结果; 2. 用自己的语言归纳总结出"比较两条线段长短"的不同方法; 3. 折出一条线段的中点,并指出中点的位置。	思考:怎样比较两棵树的高低? 怎样比较两根铅笔的长短? 怎样比较窗框相邻两边的长短? 活动二:在黑板上画出两条线段,同时让学生在草稿纸上画出两条线段,并思考、讨论比较方法。(归纳总结两种方法) 思考:你认为哪种方法比较线段长短更顺手,更快一些? 活动三:教师在黑板上画出: A　　　　M　　　　B 1. 学生演示用两种方法比较线段的长短,结论:线段 $AM =$ BM。指出线段中点的概念。 2. 每个学生在一张纸上画出一条线段并标出字母,动手折出线段中点。(学生先折、师生交流)　(评价任务 2)
再探新知	1. 用圆规画出一条线段等于已知线段; 2. 作出线段 c,使 $c =$ $a + b$; 3. 在图形中用不同方法比较线段的长短,并说出比较方法。	活动四:你能用圆规画出一条线段等于已知线段吗? 小组合作交流画法;教师演示,归纳出三步骤: 1. 画出射线;2. 度量已知线段;3. 移到射线上(教师写出作图语言)。 活动五:如图,已知线段 a、b,你能作出线段 c,使 $c = a +$ b 吗? _____ a　　　_____ b 课堂作业:已知线段 a、$b(a > b)$,请作出线段 c,使 $c = a - b$。 活动六:$\triangle ABC$ 中,你能说出线段 $AB + BC$ 的长与线段 AC 哪一条更长吗? 你用什么方法比较? 能够不用工具比较吗? 完成课本第 113 页习题 4.2 第 1、2、3 小题。(评价任务 3)

学习环节	评价要点	教学流程
拓展延伸	选择恰当的方法比较两个四边形的周长的大小,并用基本事实解释。	活动七:在一个四边形中取各边的中点,并顺次连接成四边形,想一想得到的四边形与原四边形,哪一个图形的周长大?如果在各边任意取一点呢?(学生先独立思考,对不清楚的地方再合作交流。) 要求:学生在纸上画出图形并尝试用刻度尺测量比较;或者用圆规叠合法比较;同时教师引导学生运用"两点之间线段最短"的基本事实解释。(评价任务4)
归纳小结	自我反思,交流、归纳总结本节课的内容。	学生在教师的引导下畅言所学所获所感。

05   物理(八年级下册)课程纲要

课程名称: 物理

课程类型: 必修

教材来源: 人民教育出版社 2012 年版

适用年级: 初中八年级

授课时间: 54 课时

设 计 者: 叶晓军/郑州市教育局教学研究室

高虹燕/郑州市第八中学

背景

学生在八年级上学期已经学习了声、光、热等物理知识,掌握了基本的学科学习方法。八年级下册教材中的许多知识都和学生熟悉的生活现象相联系。例如速度、重力、摩擦力、杠杆、浮力等。学科内容在引入时都充分考虑到学生的经验,列举了大量生活实例,加强了物理知识与自然现象和科学技术的联系,便于引导学生理解社会生活中所蕴含的物理知识、尝试运用物理知识解决实际问题。教材中的探究活动内容丰富,不确定因素有所增加,目的是通过学生的讨论和教师的指导,帮助学生逐步学会探究方法,形成探究能力,为进一步的学习奠定基础。

目标

1. 通过体验、实验等过程,理解力(弹力、重力、摩擦力)及其相关概念(压强、功、功率、能量)的形成过程,理解概念的内涵和外延。

2. 通过观察、比较、归纳、推理等方法,理解牛顿第一定律、二力平衡、阿基米德原理、机械能转化等物理规律的前提条件、形成过程。

3. 通过观察、分析、动手组装杠杆、滑轮组等简单机械,掌握机械效率、杠杆平衡条件等在生活中的应用。

4. 通过对物理概念、物理规律的形成过程的认识,知道控制变量法、转换法、等效替代等物理研究方法的重要性,能有意识地应用物理方法解决实际问题。

5. 了解自然界事物的相互联系,树立环保和节约资源、能源的意识,关注科学技术的新进展及科技发展给社会进步带来的影响,逐步树立科学的世界观。

内容

章节	课程内容	课时	提示
	分享《课程纲要》	1	
第七章　力	第一节　力	1	注重概念的形成过程
	第二节　弹力	1	注重产生原因、三要素
	第三节　重力	2	注重产生原因、三要素
	单元复习课	1	注意知识体系的构建
第八章　运动和力	第一节　牛顿第一定律	2	注重定律形成过程、物理方法
	第二节　二力平衡	2	注意确定研究对象
	第三节　摩擦力	2	注重产生原因、三要素
	学生实验课	1	强调安全性原则
	单元复习课	1	注重知识体系的构建
第九章　压强	第一节　压强	2	注重概念的形成过程
	第二节　液体的压强	2	注重概念的形成过程
	第三节　大气压强	2	注重概念的形成过程
	第四节　流体压强与流速的关系	1	注重因果关系

续　表

章节	课程内容	课时	提示
	学生实验课	1	强调安全性原则
	单元复习课	1	注重知识体系的构建
第十章　浮力	第一节　浮力	2	注重概念的形成过程
	第二节　阿基米德原理	2	注重规律的形成过程
	第三节　物体的沉浮条件及应用	2	注重因果关系
	学生实验课	1	强调安全性原则
	单元复习课	1	注重知识体系的构建
第十一章　功和机械能	第一节　功	2	注重概念的形成过程
	第二节　功率	2	注重概念的形成过程
	第三节　动能和势能	1	注重概念的形成过程
	第四节　机械能及其转化	1	注重规律的形成过程
	学生实验课	2	强调安全性原则
	单元复习课	1	注意知识体系的构建
第十二章　简单机械	第一节　杠杆	2	注重物理模型的构建
	第二节　滑轮	2	注重物理模型的构建
	第三节　机械效率	2	注重概念的形成过程
	学生实验课	2	强调安全性原则
	单元复习课	1	注重知识体系的构建
	本册内容总复习	3	注重知识网络的构建
	期末测试	2	

实施

1. 课程资源

(1) 教材：人民教育出版社义务教育课程标准实验教科书八年级《物理(下册)》。

(2) 网络资源：科学利用网络资源，搜集相关信息。推荐网站：郑州"优教班班通——数字教育资源公共服务平台"(http://ha. czbanbantong. com)，人民教育出版社官网(http://www. pep. com. cn)。

(3) 实践资源:郑州市科技馆。

2. 实施策略

(1) 学案:结合本校学生的特点,编制相应的学案,利用学案导学。物理新授课学案的一般框架是:新课引入(创设情景)、自主学习(发现问题)、合作学习(发现共性问题)、课堂讲授(释疑解惑)、总结梳理(形成网络)、反馈矫正(达标检测)、延伸迁移(拓展能力)。这几个环节并不是一成不变的,教师应该根据不同的知识内容、不同的学情增减环节,从而提高课堂教学的有效性。

(2) 实验:除完成教材中的演示实验和学生必做实验(用弹簧测力计测量力、测量水平运动物体所受的滑动摩擦力、探究浮力大小与哪些因素有关、探究杠杆的平衡条件)之外,教师应该根据实际情况增加创造性实验,通过归纳、比较等方法强化方法意识、掌握实验技能,从而帮助学生形成创新能力。

(3) 实践活动:充分利用教材中的"想想议议"、"动手动脑学物理"、"科学世界"等栏目进行实践活动。比如"压强"一节"动手动脑学物理"中的"估测你站立时对地面的压强",在实践活动中,既知道了一种估测方法,又加强了计算能力。此外,教材中安排有利用身边易得的器材所做的实验,比如"自制水气压计"、"塑料袋热气球"、"自制简易密度计"等,这些活动可以在课下完成,通过小组评比进行评价。

(4) 复习整合:以小组合作、同伴互助的方式完成相关讨论、调查、实验探究等学习活动,形成初步的、较为完善的知识轮廓。通过师生交流,能对物理知识进行整合,突出重点,突破难点。通过单元复习课和期末总复习,学会对知识的梳理,逐步完善学习物理的方法并建立力学知识体系,能够应用物理知识解决简单的物理问题。

评价

学生的学期成绩以百分制呈现,由过程性评价(30%)、期末学业水平测试成绩(70%)两部分组成。

1. 过程性评价(30分)

(1) 作业表现(10分)

评价依据:是否及时上交;是否独立完成;是否纠正错题;是否干净工整。

评定等级:优(9～10分)、良(7～8分)、合格(5～6分)、不合格(0～4分)。

(2) 实验表现(10分)

评价依据:是否积极参与活动;是否能设计实验步骤、正确记录实验数据;是否能结合数据分析实验现象、对实验结论进行评估。

评定等级:优(9～10分)、良(7～8分)、合格(5～6分)、不合格(0～4分)。

(3) 阶段性测试(10分)

阶段性测试成绩满分为100分,按10%折算计入学期成绩。

2. 学业水平测试(70分)

学业水平测试成绩满分为100分,按70%折算计入学期成绩。

3. 学期成绩

学期成绩由上述各部分组成,分为优(90～100分)、良(75～89分)、合格(60～74分)、不合格(0～59分)四个等级。等级不合格者,可在下学期开学申请补考。

教案 5:流体压强与流速的关系

教材来源: 初中八年级《物理(下册)》教科书/ 人民教育出版社 2012 年版

内容来源: 人教版八年级《物理(下册)》第九章 第四节

主 题: 流体的压强与流速的关系

课 时: 1 课时

授课对象: 八年级学生

设 计 者: 叶晓军/郑州市教育局教学研究室 高虹燕/郑州市第八中学

目标确定的依据

1. 课程标准相关要求

了解流体的压强与流速的关系及其在生活中的应用。

2. 教材分析

本节内容是前面所学压强知识的补充和延伸,主要分为两部分,一是流体压强与流速的关系,二是飞机升空的原理。教材安排"想想做做"等环节,学生可以通过实验,体验由结果上溯原因的认知过程。

3. 学情分析

八年级学生与本节内容相关的生活经验比较少,有些实验结果超出他们的预想,这就容易产生探究的欲望。同时,八年级学生的抽象思维能力较弱,在由现象分析原因的思维过程中会出现困难。

目标

1. 通过"硬币跳高"、"吹纸" 等实验,说出流体压强与流速的关系和生活中的流体的压强与流速相关的现象。
2. 通过对机翼的观察分析,理解流体表面由于压强差而产生压力差,从而知道飞机升力产生的原因。
3. 通过学习飞机的发展历程和基本原理,认识科技进步给人类带来的变化;会用流体压强与流速的关系解释生活中的相关现象。

评价任务

1. 分组进行"硬币跳高"、"吹纸" 等实验活动,尝试对实验结论进行归纳总结,说一说流体压强与流速的关系。
2. 动手进行有关飞机机翼的实验,分析并说出飞机升力产生的原因。
3. 讨论和交流"流体压强与流速的关系"在生活中有哪些现象或应用,解释其中的道理。

教学过程

一、导入

播放视频,介绍飞机的发展简史,引起学生探究的兴趣,然后分组完成下面实验。

1. 硬币"跳高":吹气,让硬币飞越直尺。
2. 小球"跳高":吹气,让乒乓球从小烧杯中飞出。

学生分组实验,请做得较好的同学上台演示。分析发生的现象,从而引出课题。

二、新课

探究:气体压强与流速的关系。

设计:利用吹纸实验来判断气压的变化。

实验:分组进行探究实验。教师指导学生进行实验,鼓励学生用不同方法进行探究。

探究:气体压强与流速的关系

实验器材:_____;

实验步骤:_____;

实验现象:_____;

实验结论:_____。

交流:请一位学生展示实验过程。

结论1:气体流速越大的位置,压强越小。

延伸:液体和气体都具有流动性,液体压强与流速有关吗?

演示:静止的水面上放两个小船,用棒划动中间水面,观察现象。

结论2:液体流速越大的位置,压强越小。

综合结论:在流体中,流速越大的位置压强越小。

应用:请学生运用上述规律解释前面两个实验现象。

我们利用气流能够使硬币和乒乓球飞起来,同样也可以使飞机飞起来。播放学校航模小组同学参加比赛的录像。引导学生观察飞机机翼的结构有什么特点,并思考这样的结构对飞机升空起什么作用。

分组实验:用纸片做成两个不同的模拟机翼(分别是上凸下平的形状和长方形的形状)。

教师指导学生动手制作,并进行如下操作:将两个机翼并排挂在细线上,把细线拉平绷紧,对着两个模拟机翼用力进行水平吹气,观察模拟机翼升起的角度,比较它们的差别。

播放视频:机翼的升力。引导学生分析,得出结论:机翼上下表面存在压强差,也就存在压力差,飞机就是利用这个压力差升空的。

三、达标检测

讨论:"流体压强与流速的关系"在生活中还有哪些现象或应用?

1. 火车站站台边都画有一条"安全线",它的作用是什么?

2. 两条船在并列前进时,不能靠得太近,为什么?

3. "小小设计师":设计自制喷雾器。请一个同学演示,并讲解其中的道理。

四、小结

梳理本节知识,总结在学习过程中遇到的困难以及解决问题的方法。

分组讨论:提出飞机改进方案。

请两位同学根据课前准备的资料,介绍目前较先进的飞机,分别介绍民用飞机和军用飞机各一种。

讨论:乒乓球比赛中下旋球形成的原因。

五、作业布置

1. 教材第 46 页第 3、4 题。

2. 分析足球运动中"香蕉球"形成的原因。

06　化学(九年级上册)课程纲要

课程名称:化学

课程类型:必修

教材来源:人民教育出版社 2012 年版

适用年级:初中九年级

课　　时:54 课时

设 计 者:岳庆先/郑州市教育局教学研究室

　　　　　董庆杰/郑州市中原区教育体育局
中学教研室

背景

本册教材内容涉及课程内容的 5 个一级主题:"科学探究"是一种重要的学习方式,也是义务教育阶段化学课程的重要内容,对发展学生的科学素养具有不可替代的作用;"身边的化学物质"引导学生认识和探究身边的化学物质,了解化学变化的奥秘,是化学启蒙教育的重要内容;"物质构成的奥秘"帮助学生用微粒的观念去学习化学,使学生初步理解化学现象的本质;"物质的化学变化"是化学研究的主要内容之一,认识物质的组成和结构必须研究化学变化;"化学与社会发展"帮助学生正确认识化学与社会发展的关系,树立保护环境、与自然和谐相处的意识,保证社会的可持续发展。

在进入化学课堂前,学生已经接触了很多有关化学的知识,对于化学已经不再陌生。但学生所知道的只是零碎的、表面化的化学常识,系统地认识化学是化学课程学习的重要任务。九年级的学生在认知能力和知识储备方面已具备了学习化学的条件,且该年龄段的学生好奇心强,对很多化学问题充满了好奇,渴望了解更深的化学知识。所有这些,都为学好化学提供了先决条件。

目标

1. 通过观察与探究,能结合实例说明氧气等常见物质的性质和用途,体会化学科学与社会发展的关系。

2. 通过实验、讨论、观察、想象,知道化学基本概念(如原子、分子),理解质量守恒定律,提高分析问题的能力。

3. 通过动手实验,掌握药品的取用、加热等基本实验操作方法,能独立完成基础的学生实验(如氧气的实验室制取与性质),提高科学探究能力。

4. 通过讲解、模仿、练习,能用化学式、化学方程式进行简单计算,初步形成化学计算能力,体会定量计算在化学研究和生产生活中的重要作用。

内容

单元	课程内容	课时	活动安排
	分享学期《课程纲要》	1	阅读提问,讨论交流。
绪言	化学使世界变得更加绚丽多彩	1	
第一单元 走进化学世界	物质的变化和性质	1	实验1-1、实验1-2;教材中的"讨论"。
	化学是一门以实验为基础的科学	3	探究蜡烛及其燃烧;探究人们吸入的空气与呼出的气体有什么不同。
	走进化学实验室	4	实验1-3到实验1-8;教材中的"讨论"。
第二单元 我们周围的空气	空气	2	实验2-1;教材中的"讨论"。
	氧气	1	实验2-2到实验2-4;教材中的"讨论"。
	制取氧气	2	实验2-5;探究过氧化氢制氧气的反应中二氧化锰的作用;教材中的"讨论"。
	氧气的实验室制取与性质	1	实验活动1。

单元	课程内容	课时	活动安排
第三单元 物质构成的奥秘	分子和原子	2	实验3-1;探究分子运动现象;教材中的"讨论"。
	原子的结构	4	教材中的"讨论";探究在元素周期表中查找元素。
	元素	2	
	期中考试	1	
第四单元 自然界的水	爱护水资源	2	教材中的"讨论"。
	水的净化	2	实验4-1到实验4-4;教材中的"课外实验"和"讨论"。
	水的组成	2	实验4-5;教材中的"讨论";探究水的组成。
	化学式与化合价	2	教材中的"讨论"和"练一练"。
第五单元 化学方程式	质量守恒定律	2	探究化学反应前后物质的质量关系;实验5-1和实验5-2;教材中的"讨论"。
	如何正确书写化学方程式	2	教材中的"练一练"。
	利用化学方程式进行简单计算	2	教材中的"练一练"。
第六单元 碳和碳的氧化物	金刚石、石墨和C_{60}	2	实验6-1、实验6-2;教材中的"讨论"和"课外实验"。
	二氧化碳制取的研究	2	探究实验室制取二氧化碳的装置;教材中的"讨论"。
	二氧化碳和一氧化碳	2	实验6-3到实验6-5;教材中的"讨论"、"课外实验"。
	二氧化碳的实验室制取与性质	1	实验活动2。
第七单元 燃料及其利用	燃烧和灭火	2	实验7-1、实验7-2;教材中的"讨论";探究灭火的原理。
	燃料的合理利用与开发	2	实验7-3、实验7-4;教材中的"讨论"。
	燃烧的条件	1	实验活动3。
	期末复习及考试	3	

实施

1. 元素化合物知识的学习:通过教材中的实验和"讨论",说明常见物质的性质和用途,并了解物质的性质和用途之间的关系,体会化学物质与社会发展的关系。在课堂教学中,教师构建学习情景,调控学习过程,提供学法指导,开展过程评价;教师提供复习框架,帮助建立学习小组,提供适量的作业,及时批改、讲评作业,记录学生作业情况。学生依据教材和教师的指导完成学习任务。

2. 基本概念和原理的学习:通过教材中的实验探究和"讨论",解释分子的性质,理解质量守恒定律的宏观描述;通过观察分子和原子模型、氧化汞分子分解示意图等,发挥想象,理解原子、分子的概念和化学反应的本质。其它基本概念(如氧化物),可通过讨论和实例分析来理解。

3. 化学实验的学习:本学期安排了 36 个演示实验,学生要做好观察、记录、讨论;9 个实验探究,由 3~4 名学生合作完成,进行实验方案的设计,选择合理的实验仪器和药品,记录实验现象,通过讨论得出结论,教师进行指导和评价;3 个实验活动将由学生独立完成,并由教师进行指导和评价。安排家庭实验和课外实验各 1 个,作为课后作业由学生自己完成,自己评价。

4. 化学计算的学习:通过学习教材中的例题,学会解题的方法和格式;仿照例题,练习有关科研、生产、生活实际的典型计算题,体会定量计算的价值。

5. 复习与考试:查看纠错本,对同类型题目进行精练,避免出现同样的错误。通过讨论把本学期知识,按元素化合物、基本概念和原理、化学实验、化学计算等分类总结,形成知识网络,并练习适量的典型习题,养成梳理知识的习惯。本学期将在 11 月上旬进行期中考试,内容涵盖第一至第三单元,1 月底进行期末考试,内容是第一单元至第七单元。

评价

学期成绩以百分制呈现,由两部分组成,即过程评价(占 30%),结果评价(占 70%)。

一、过程评价

过程评价(30 分) = 化学实验表现(20 分) + 课堂学习表现(5 分) + 作业表现(5 分)

评价内容	评价方法
化学实验表现	实验探究根据小组合作的情况,由组长给分,占 6 分(各次实验的平均值);家庭实验由学生自我给分,占 2 分;实验活动根据郑州市中考实验操作评分标准,按实际得分计算 3 次实验的平均值,占 12 分,由教师给分。
课堂表现	根据课堂上回答或提出问题的质量、与同学交流、合作的效果给分。具体标准由教师把握。
作业表现	根据作业的准确率、规范性及纠错情况给分,具体标准由教师把握。

二、结果评价

结果评价(70 分) = 期中考试成绩(100 分,按 10%计入) + 期末考试成绩(100 分,按 60%计入)。

三、学期成绩

学期成绩(100 分) = 过程评价成绩 + 结果评价成绩。总分 60 分及以上为合格,60 分以下为不合格;不合格者下学期第一周提供一次补考机会。

教案 6：二氧化碳和一氧化碳

教材来源：初中九年级《化学》教科书/人民教育出版社 2012 年版

内容来源：初中九年级《化学(上册)》第七单元

主　　题：二氧化碳和一氧化碳

课　　时：共 2 课时，第 1 课时

授课对象：九年级学生

设 计 者：岳庆先/郑州市教育局教学研究室

董庆杰/郑州市中原区教体局中学教研室

杨　洁/河南省实验中学

目标确定的依据

1. 课程标准相关要求

(1) 能结合实例说明二氧化碳的主要性质和用途。

(2) 了解自然界中的氧循环和碳循环。

2. 教材分析

这部分内容被安排在二氧化碳的实验室制法之后,学习利用所制取的二氧化碳探究它的性质,衔接自然而又符合研究的一般程序;二氧化碳的相关性质又为学习"酸、碱、盐"起到铺垫作用。二氧化碳在生活、生产中有广泛的用途,对环境及人类发展有着重要的影响,研究它具有现实意义,体现了化学课程的社会应用价值。二氧化碳与水、石灰水的反应是本课的教学难点。

3. 学情分析

学生在以下方面易产生错误:对二氧化碳的性质和用途的关系认识不够,在利用二氧化碳的性质推断二氧化碳的用途,或根据其用途推断其性质时,常出现错误;对空气中二氧化碳的含量易产生片面认识;二氧化碳不供给呼吸的性质和一氧化碳的毒性易混淆;对二氧化碳通入石蕊溶液变红色的原因认识错误,误认为是二氧化碳使其变红。

目标

1. 通过复习、实验、分析,说出二氧化碳的物理性质和化学性质。
2. 通过阅读教材 P_{119} 相关内容,倾听 CO_2 的赞美诗,说出二氧化碳在人类生产、生活中的重要作用,初步认识二氧化碳与人类的密切关系。
3. 通过讨论、交流、阅读教材 P_{120} 相关内容,说出自然界中的碳循环及碳循环对人类的重要意义。

评价任务

1. 检测目标 1 的评价任务有:做实验 6-3 和实验 6-4,分析并说出 CO_2 的颜色、状态、气味、密度(与空气比较)、溶解性以及是否支持燃烧;做实验 6-5,分析,说出 CO_2 和水反应生成了什么物质。
2. 检测目标 2 的评价任务有:听诗、阅读教材第 119 页,归纳、说出 CO_2 的用途。

3. 检测目标 3 的评价任务有：阅读教材第 120～121 页，讨论并说出自然界中的碳循环、温室效应的原因、减少 CO_2 排放的方法。

教学过程

一、设计情境，引入课题

播放视频——"死狗洞之谜"，引起学生兴趣，由此引入课题——CO_2 的性质。

二、联系实际，实验分析

教师首先展示溶洞形成的资料，分析溶洞内气体的组成，得出推论：溶洞中的 CO_2 含量可能较高，引出问题：如何验证气体样品中有 CO_2？学生根据已学过的知识回答。

分组做实验 6-3 和实验 6-4，学生记录实验现象，通过分析和讨论得出结论。分组做实验 6-5，学生记录实验现象，通过分析和讨论得出结论。

实验结论及评价要点：CO_2 是无色、无味的气体，密度比空气大，能溶于水；不支持燃烧；CO_2 与水反应生成了酸性物质；CO_2 能与石灰水发生反应。

三、挑战自我，解释应用

学习完二氧化碳的性质之后，让学生再来揭开"死狗洞之谜"，不仅前后呼应，而且增强了自信心和解决问题的能力。根据 CO_2 的性质，通过分析回答：是什么物质导致狗死亡？为什么在溶洞中狗死了而人没有死？

学生回答评价要点：由于 CO_2 的密度比空气大，所以溶洞下面的 CO_2 含量较多，氧气相对减少，使狗呼吸不到足量的氧气，导致狗窒息死亡；人比较高，可呼吸到较多的氧气。

四、揭示问题，关注社会

教师朗诵一首赞美 CO_2 的诗：她营造了云雾缭绕的仙境，她驱散了炎炎夏日的暑气,她奋力扑向烈火,她给大地勃勃生机……学生倾听,然后阅读教材第119页,回答:CO_2 有什么用途?

学生回答评价要点:CO_2 可以用来灭火、做气体肥料、化工产品和光合作用的原料;干冰可作制冷剂。

阅读教材第120～121页。经讨论回答:自然界中 CO_2 是怎样循环的?导致温室效应的原因是什么?在日常生活中怎样做才算是"低碳"呢?

学生回答评价要点:人和动植物的呼吸,化石燃料的燃烧等消耗自然界中的氧气,放出 CO_2;绿色植物的光合作用吸收 CO_2,放出氧气。大气中 CO_2 含量的上升导致了温室效应。少开汽车,节约用纸,多植树等可减少空气中 CO_2 的含量。

引导学生辩证地看待 CO_2 的用途,感悟"性质决定用途"。

五、合作交流、共享成果

以小组为单位讨论、总结 CO_2 的性质和用途,组长将其写在一张大白纸上,在全班展示,各组互评、教师点评。

展示结果评价要点:

1. 通常状况下,CO_2 是无色、无味的气体,密度比空气大,能溶于水。

2. 通常状况下,CO_2 不支持燃烧。

$$CO_2 + Ca(OH)_2 = CaCO_3 \downarrow + H_2O;$$

$$CO_2 + H_2O = H_2CO_3$$

3. 二氧化碳可以用来灭火、做气体肥料,干冰可作制冷剂等。

4. 自然界中的 CO_2 和氧气在一定条件下可以相互转化。

附:

1. 课外学习、拓展提高:以"二氧化碳的功与过"为题撰写小论文。

07　生物学(七年级下册)课程纲要

课程名称: 生物学

课程类型: 必修

教材来源: 人民教育出版社 2012 年版

适用年级: 初中七年级

课　　时: 36 课时

设 计 者: 耿　珣/河南省实验中学

　　　　　　王　曦/河南省第二实验中学

　　　　　　李超英/郑州市教育局教学研究室

背景

通过七年级《生物学(上册)》的学习,同学们已经了解了生物体的基本结构,认识了生物圈中的绿色植物,也初步掌握了生物学的一些学习方法(观察、实验、探究、资料分析、调查等)和实验技能(玻片标本的制作、显微镜的使用),这为进一步学习七年级下册"生物圈中的人"这一主题奠定了知识和能力基础。

目标

1. 通过收集分析资料、参观科技馆,能概述人类起源和发展以及人类个体发生和发育的大致过程。

2. 通过资料分析、师生交流、专题讲座,能描述青春期的发育特点,养成青春期的卫生保健习惯。

3. 通过观察、实验、制作模型,能用语言、图表等描述人体各系统的组成并概述其功能,在学习过程中逐步认识到生物体的结构与功能是相适应的,认同健康的生活习惯。

4. 通过实例分析和拟定保护当地生态系统的行动计划等活动,能举例说明人类活动对生物圈的影响,关注人与环境的关系,参与保护环境的行动。

5. 通过实验探究,加深对科学探究过程和方法的理解,进一步提高作出假设、设置重复组、测量和计算、记录和分析探究结果等技能,并能选择和使用各种实验器材完成实验。

内容和实施

本学期仍将在教师的指导下开展自主学习、合作学习。学习过程中建立 4～6 人的学习小组,开展观察、实验、探究、讨论等学习活动,分工合作,共同完成学习任务。具体内容和活动安排见下表:

课程内容		活动安排	课时
开学第一课	分享《课程纲要》		1
4.1　人的由来	人类的起源和发展		1
	人的生殖	课外实践:参观郑州市科技馆	2
	青春期	专题讲座:青春期的生理和心理	1
4.2　人体的营养	食物中的营养物质	探究:测定食物中的能量(该探究具有一定的难度。首先,所用实验器材较多,且部分器材是初次使用,如温度计、天平、酒精灯等。其次,使用酒精灯要保证安全、规范的操作。此外,该探究还要进行较复杂的数据分析和处理。实验测得的数据往往存在误差,因此需要设置重复组)	2
	消化和吸收	探究:馒头在口腔中的变化(该探究侧重对照实验的设计和根据实验现象分析推导结论)	2
	合理营养与食品安全	为家人设计一份午餐食谱	2

续　表

课程内容		活动安排	课时
4.3　人体的呼吸	呼吸道对空气的处理		1
	发生在肺内的气体交换	模型制作:制作膈肌运动模型	2
4.4　人体内物质的运输	流动的组织——血液	实验:用显微镜观察人血的永久涂片	2
	血流的管道——血管	实验:观察小鱼尾鳍内血液的流动	2
	输送血液的泵——心脏	课外实践:为家人测量血压	2
	输血与血型		1
4.5　人体内废物的排出	人体内废物的排出	课外实践:制作肾单位模型	2
4.6　人体生命活动的调节	人体对外界环境的感知	课外实践:调查班级的近视率及成因	2
	神经系统的组成	模型制作:制作神经元模型	1
	神经调节的基本方式	实验:膝跳反射实验 探究:测定反应速度(该探究是全过程的探究,具有很大的开放性,可以进一步加深对科学探究过程和方法的理解。要求以小组为单位独立完成)	2
	激素调节		2
4.7　人类活动对生物圈的影响	分析人类活动对生态环境的影响	课外实践:调查人类活动破坏或改善生态环境的实例	1
	探究环境污染对生物的影响; 模拟探究:酸雨对生物的影响	探究:模拟酸雨对生物的影响(通过该探究可以尝试模拟实验,体验模拟实验的优缺点)	2
	拟定保护生态环境的计划		1
期末考试(纸笔测试;开卷;满分 100 分;考试时间 60 分钟)			2

评价

学期总评成绩以百分制呈现,其中过程评价占 30%,期末考试成绩占 70%。学期总评成绩 60 分以下者,下学期开学前一周补考(纸笔测试)。

过程评价(30 分) = 作业表现(10 分) + 实验表现(10 分) + 课外实践表现(10 分)。具体评价标准见下表:

评价内容	评价标准	分值
作业表现 （10分）	独立完成全部作业。	3
	按时上交作业次数达总次数的2/3及以上。	3
	作业正确率高或订正及时。	3
	书写规范、整洁。	1
实验表现 （10分）	安全规范操作，合理选择和使用仪器设备。	2
	认真观察，客观记录实验现象。	2
	能根据实验现象、数据，分析推导得出结论。	2
	节约药品试剂，保持实验台整洁。	2
	按时、规范地完成实验报告。	2
课外实践表现 （10分）	本学期共5次课外实践活动，每参加1次课外实践活动，并提交作品计2分。	10

教案 7：神经系统的组成

教材来源：初中《生物学》教科书/人民教育出版社 2012 年版

内容来源：初中七年级《生物学（下册）》第四单元

主　　题：神经系统的组成

课　　时：1 课时

授课对象：七年级学生

设 计 者：王　曦/河南省第二实验中学

　　　　　　耿　珣/河南省实验中学

　　　　　　李超英/郑州市教育局教学研究室

目标确定的依据

1. 课程标准相关要求

描述神经系统的组成。

2. 教材分析

教材首先以图文的形式呈现神经系统的组成和功能,然后以文本辅以图片说明神经元的结构及其功能。从学科知识内在的逻辑关系来看,神经元是神经系统结构和功能的基本单位,在没有学习神经元之前,先学习神经系统的组成和功能,认知层次上有一定的跨度。

3. 学情分析

对七年级的学生而言,神经系统的组成和功能较为抽象,学生的前备知识和生活经验较少,即使在生活中观察到一些现象(如,与神经系统相关的病例),由于缺乏相应的知识,也很难和神经系统联系起来。因此,在学习过程中需要采用多种方法将之直观化,帮助学生形成感性认识,并在此基础上构建核心概念。

目标

1. 通过制作模型、阅读文本和观察图片,说出神经元的结构及其功能。
2. 通过阅读文本、观察图片,能绘制图表描述神经系统的组成及其功能。
3. 通过分析资料,举例说出保护神经系统的具体做法。

评价任务

1. 小组内互相指认神经元图片中各结构名称并说出其功能,然后各小组选派代表上讲台展示,小组其他成员补充。检测目标1的达成 。

2. 以小组为单位绘制图表呈现神经系统的组成及其功能,并在全班展示交流,其他小组补充。检测目标2的达成。

3. 分析教材第87页资料,结合教材第88页图文和已有的知识经验,举例说出一些保护神经系统的具体做法。检测目标3的达成。

教学过程

教学环节	教师活动	学生活动
环节一 创设情境 设疑激趣	播放视频"空中走钢丝",提出问题:人体能够完成这样复杂精巧的动作,是由于神经系统的协调作用,为什么神经系统具有这样的功能呢?引出神经系统的功能与其结构相关,由此开始神经元的学习。	观看视频,思考问题,表述观点。
环节二 展示模型 指认图片	1. PPT 展示教材第 90 页图 4-55 神经元结构示意图,引导学生阅读教材、观察图片; 2. 组织学生展示交流自制的神经元模型,引导学生熟悉神经元的基本结构及其功能; 3. 展示自制的一组神经元模型,帮助学生分层次明确以下 4 项内容:(1)神经元的基本结构及功能;(2)轴突外包一层鞘构成神经纤维;(3)神经纤维集结成束、外面包膜构成神经;(4)从神经的构成可以推导出神经的功能是传导信息; 4. 观察学生指认图片情况,组织学生上讲台展示,引导学生正确使用学科专有名词。	1. 阅读教材、观察图片。对教材中的重点内容或疑问作出标记; 2. 小组选派代表展示制作的神经元模型(课前以小组为单位,自选材料制作),讲述各部分结构及功能,小组其他成员补充; 3. 观察教师制作的神经元模型,在教师的引导下明确神经元的结构及其功能,并在此基础上学习神经系统的构成及其功能; 4. 小组内互相指认神经元图片中各结构名称并说出其功能,在此基础上选派代表上讲台展示,小组其他成员补充。
环节三 观察图片 绘制图表	1. 引导学生阅读和观察,借助模型解释脑和脊髓的结构和功能; 2. 组织学生展示交流,引导学生关注图表是否呈现神经系统的结构层次及主要功能; 3. 帮助学生完善图表。	1. 阅读、观察第 88 页图 4-53,在教师的帮助下认识脑和脊髓的结构和功能,然后以小组为单位绘制图表呈现神经系统的组成及其功能; 2. 小组选派代表展示绘制的图表,其他小组成员补充; 3. 在交流的基础上完善图表。
环节四 分析资料 联系生活	组织学生交流,教师适时引导,帮助学生发现资料中列举的疾病与神经系统的关系,明确人体的感觉、运动以及内脏器官的活动受神经系统的调控。	分析第 87 页资料,结合第 88 页图文资料,在教师的引导下明确神经系统与人体的感觉、运动以及内脏器官的活动相关;举例说出一些保护神经系统的具体做法,如运动中的自我保护。

教学环节	教师活动	学生活动
环节五 观看视频 总结交流	1. 播放视频"神经系统的结构及其功能"； 2. 引导学生总结本课内容,强调专有名词的准确使用。	1. 观看视频； 2. 尝试用自己的语言总结本课主要内容。

08   语文（一年级下册）课程纲要

课程名称：语文
课程类型：必修
教材来源：人民教育出版社 2012 年版
适用年级：小学一年级
课　　时：162 课时
设 计 者：许　睿/郑州市教育局教学研究室
　　　　　王小翠/郑州市上街区中心路小学

背景

　　本册内容在识字、写字数量、阅读篇幅上较上册有所增加,教学选文贴近儿童生活。课文趣味性、可读性强,便于学生学习语言。在上册学习中,学生已经积累了一定的识字方法,逐步养成了读书的习惯,因此,本册教学侧重在原有知识积累和学习方法掌握的基础上,提高学生自主识字、阅读文章的能力。写话练习强调标点的正确使用。

目标

　　1. 通过识字、写字学习,至少认识 550 个字,按笔顺规则正确书写至少 250 个汉字,掌握基本笔画和常用的偏旁部首。

2. 能借助汉语拼音、图画等阅读浅显的童话、寓言故事;激发阅读兴趣,初步培养自主阅读的习惯。

3. 通过阅读,对文中感兴趣的人和事有个人的感受和想法,并乐于和同学交流分享。

4. 通过写话练习,学会积累词句;学习正确使用逗号、句号、问号、感叹号;完成简单的写话练习。

5. 在与他人交流时,学习倾听别人的说话,乐于表达自己的想法,提高口头表达和交往能力。

内容

第1课时:分享本册《课程纲要》					
教学主题	教学内容	课时	教学主题	教学内容	课时
第1组 多彩春天	识字1	2	第3组 保护环境	识字3	2
	1.《柳树醒了》	2		9.《两只鸟蛋》	2
	2.《春雨的色彩》	2		10.《松鼠和松果》	2
	3.《邓小平爷爷植树》	2		11.《美丽的小路》	2
	4.《古诗两首》	2		12.《失物招领》	2
	语文园地一	4		语文园地三	4
	复习检测	3		复习检测	3
第2组 我爱我家	识字2	2	第4组 夏日趣事	识字4	2
	5.《看电视》	2		13.《古诗两首》	2
	6.《胖乎乎的小手》	2		14.《荷叶圆圆》	2
	7.《棉鞋里的阳光》	2		15.《夏夜多美》	2
	8.《月亮的心愿》	2		16.《要下雨了》	2
	语文园地二	4		17.《小壁虎借尾巴》	2
	复习检测	3		语文园地四	4
				复习检测	3

续　表

第1课时:分享本册《课程纲要》					
教学主题	教学内容	课时	教学主题	教学内容	课时
第5组 解决困难	识字5	2	第7组 美好品质	识字7	2
	18.《四个太阳》	2		26.《小白兔和小灰兔》	2
	19.《乌鸦喝水》	2		27.《两只小狮子》	2
	20.《司马光》	2		28.《小伙伴》	2
	21.《称象》	2		29.《手捧空花盆的孩子》	2
	语文园地五	4		语文园地七	4
	复习检测	3		复习检测	3
第6组 幸福生活	识字6	2	第8组 探索发现	识字8	2
	22.《吃水不忘挖井人》	2		30.《棉花姑娘》	2
	23.《王二小》	2		31.《地球爷爷的手》	2
	24.《画家乡》	2		32.《兰兰过桥》	2
	25.《快乐的节日》	2		33.《火车的故事》	2
	语文园地六	4		34.《小蝌蚪找妈妈》	2
	复习检测	3		语文园地八	4
				复习检测	3
	期中复习与评估	8		期末复习评估	13
备注 　单元教学安排:精读课文教学2课时,第一课时学习学科知识,第二课时复习巩固;口语交际教学2课时;知识盘点、课后补充教材教学2课时。单元复习课教学1课时;单元书面评价:考与评2课时。					

实施

一、课程资源

1. 义务教育课程标准实验教科书。一年级《语文(下册)》,人民教育出版社。

2. 课内资源:文中插图、多媒体。

3. 课外资源:工具书,生字生词卡片(教师用、学生用),《猜猜我有多爱你》、《爱心树》等课外绘本读物,语文同步练习。

二、教/学活动

识字与写字:运用形声字、会意字的识字规律,自主学习生字。通过举办"生字超市"、"我当小导游"、"逛家电商场"等各种识字游戏巩固运用所学字词。

阅读理解:继续借助汉语拼音阅读三十四篇课文,学会自悟、自得。采用多种方式阅读,如,给画面配音、分角色朗读等。讨论文中的思考题,质疑问难、发表自己的见解。选择感兴趣的、适合自己的读物阅读,并和同学交流课外阅读成果。

写话:结合教材内容相机安排6~8次看图写话练习。在写话教学中,指导学生能看图写一句完整的话或几句连贯的话,鼓励学生在写话中运用阅读和生活中学到的词语。

口语交际:八次口语交际话题分别是:春天在哪里、我该怎么办、身边的垃圾问题、续讲故事、猜谜游戏、怎样过"六一"儿童节、诚实、未来的桥,利用在课文阅读时得到的启示,与同伴交流,调动自己的知识积累,发展想象力和创造力,规范口头语言。

评价

一、评价方式

学期成绩以百分制呈现,由两部分组成,即过程评价占30%,结果评价占70%。

1. 过程评价

过程评价(30%)= 平时检测(10分)+ 课堂表现(10分)+ 语文实践活动表现(10分)

(1)平时检测:每个单元的检测主要是以试卷的形式,针对本单元的字词和课文的掌握情况以及对所学知识的灵活运用,对学生进行综合性的检测和评价。

(2)课堂表现:针对课堂回答问题情况、书面练习完成情况、小组合作学习参与情况进行综合评价。

(3) 实践活动评价:课内认字评价——提供四篇短文,用抽签的方式决定。课外认字评价——利用存放在成长记录袋中的商标、剪报、课外读物等向测试者展示并认读自己在课外认识的字。

2. 结果评价

结果评价主要以综合纸笔检测评分为准。结果评价＝期中考试成绩(20％)＋期末考试成绩(50％)。

3. 学期成绩

学期总评成绩＝过程评价(30％)＋结果评价(70％)。

二、评价结果

1. 平时检测:百分制。
2. 课堂评价:很好、好、一般、继续努力等。
3. 实践活动评价:课内认字评价标准:读错 5 个字以内为良好,读错 6～20 个字为合格,超过 20 个字为不合格。课外认字评价标准:记录认字数量,达到 500 字为优,超过 300 字为合格,不足 300 字为不合格。

三、评价结果处理

以上内容以百分制计算,所有成绩最后将转化为对应等级:优(90 及 90 以上)、良(80～89 分)、合格(60～79 分)、不合格(60 分以下)。成绩不合格者按学校有关规定提供一次补考机会。

教案 8：识字 6

教材来源： 小学一年级《语文》教科书/人民教育出版社 2012 年版

内容来源： 小学一年级《语文（下册）》第六组

主　　题： 幸福生活

课　　时： 共 1 课时

授课对象： 一年级学生

设 计 者： 许　睿/郑州市教育局教学研究室
王小翠/郑州市上街区中心路小学

目标确定的依据

1. 课程标准相关要求

（1）认识 60 个生字，会写 18 个生字。认识新笔画和"鸟、舟、巾"三个偏旁。

（2）背诵课文《雪地里的小画家》。

（3）把学习的课文用故事的形式讲给别人听。

2. 教材分析

本课把数量词分类集中在四幅不同的图画之中，学生在感受美丽景色、感受美好生活的同时认识事物,认识表示事物的汉字,初步感知不同事物的数量词的表达方式。

3. 学情分析

教材的安排形象、生动,利于儿童接受,便于记忆。对于学生来讲接受难度不是很大。但是,对学生来说如何在生活中正确使用量词,有一定难度。因此,在教学本课时,创设情境帮助学生认识事物,学习汉字是学习的关键。生字新词的学习仍是本课教学的重点内容。

教学目标

1. 通过看图说话、认读卡片等形式,读准"海、滩"等 14 个生字的字音,正确抄写"沙、海"等 6 个生字。
2. 通过范读、对读等形式,读准字音,学会读词语时要停顿。
3. 通过说量词的游戏活动,尝试使用数量词,表达身边熟悉的事物。

评价任务

1. 认读、书写"海、滩、沙、海"等 14 个词语。
2. 说出和事物相对的量词。

教学过程

教学环节	教学活动	评价要点
环节一 激趣导入 解词说文	活动一 出示课文插图,图中画有哪些景物,用数量词说一说。	准确说出插图中的景物:一片草地、一座石桥、一群海鸥、一片竹林。
	活动二 同桌交流质疑不理解的词语,(如,"一畦"指由田埂分成的排列整齐的小块田地)师生共同解决。	

续 表

教学环节	教学活动	评价要点
	活动三 读读:文中写了哪些地方,描绘了哪些景物?用横线画出来。 画画:在黑板上分四个方块,画出文中提到的景物。	
环节二 识记字词 书写练习	活动一 认识事物,认读生字。在学生画的图画下面出示生字卡。	读准字音:"秧、领"是后鼻音。找出偏旁与事物之间的联系:"海、滩、溪"跟水有关;"舰"跟船有关;"秧、稻"跟禾苗有关;"塘"跟泥土有关;"鸥"跟鸟有关。(评价目标一)
	活动二 出示字卡检测识字:(熟字加偏旁识字:千—竿;同—铜;令—领)先观察,再说一说偏旁与事物之间的联系。	先轮读,后提问检查整体识字情况和个别认读情况。(评价目标一)
	活动三 写字:看清字形,注意笔顺,找出关键笔画,照样子书写。(完成目标一)	写完字后,仔细端详,与田字格中的字比较,品味字的笔画美(如"沙、海"),结构美(如,"桥"的木字旁末笔捺变点。(评价目标一)
环节三 指导读文 学会停顿	活动一 个别读、齐读、轮读课文。(完成目标二)	两分钟自由朗读,(在竞争中读熟课文)小组朗读比赛,看哪组读得最流利、最整齐。(评价目标二)
	活动二 说出和事物相对应的数量词。	教师说表示事物的词,学生说数量词。
环节四 游戏活动 会用量词	活动一 出示课中练习:连线搭配词语,练习量词。 一只 军舰 一畦 稻田 一片 海鸥 一艘 秧苗	能正确连线。(评价目标三)
	活动二 师生互对词语。两两互对:一人说数量词,一人说表示事物的词语。	教师读数量词,学生说出相应的表示事物的词;教师说表示事物的词,学生正确说出数量词。(评价目标三)
	活动三 朗读感悟 1. 边读边想事物,初步感知数量词的表达方式。 2. 分组分节比赛朗读。 3. 自选喜欢的一个小节朗读,争取做到带着情感去读。(完成目标二、三)	读准字音、不添字、不丢字、会在词语间正确停顿。(评价目标二)

教学环节	教学活动	评价要点
环节五 实践活动 巩固新知	活动一 1. 观察教室里的物品,用上数量词来表达,看谁说得准确。 2. 观察家里的物品,用上数量词说给家人听,请家长评价。	能用数量词准确描述看到的事物。(评价目标三)

附:板书设计

识字 6

海滩　　农村　　公园　　学校活动

09 语文(四年级下册)课程纲要

课程名称: 语文

课程类型: 必修

教材来源: 人民教育出版社 2012 年版

适用年级: 小学四年级

课 时: 144 课时

设 计 者: 许 睿/郑州市教育局教学研究室
王小翠/郑州市上街区中心路小学

背景

　　人教版四年级《语文(下册)》,既要完成第二学段阅读学习目标,又要为第三学段的阅读作准备。教材中精读课文数量减少,略读课文的数量则有所增加,在教学上起着承上启下的作用。随着年级升高,学生自学能力也相应提高。教学中继续强调自主学习,培养学生自读自悟的阅读能力。

目标

　　1. 认识并能正确书写至少 200 个生字,能联系上下文并结合生活实际或查阅工具书,理解词语意思和句子含义,会运用文中语句表情达意。

　　2. 正确、流利、富有想象地朗读课文,理解文章内容。了解写景类文章的叙述顺序。

3. 通过口语交际的练习,能清楚明白地讲述见闻,并说出自己的想法。交谈中能认真倾听,听人说话能把握主要内容,并能简要转述。养成向人请教、与人商讨的习惯。

4. 留心周围事物,善于观察,习作时会把内容写得清楚具体。会写简短的书信便条。能修改习作中有明显错误的词句。

内容

分享本册课程纲要1课时。采用学生默读,提问质疑,小组交流的方式分享。					
教学主题	教学内容	课时	教学主题	教学内容	课时
第1组 江山如画	1.《古诗词三首》	3	第4组 战争与和平	13.《夜莺的歌声》	2
	2.《桂林山水》	2		14*.《小英雄雨来》	1
	3.《记金华的双龙洞》	2		15.《一个中国孩子的呼声》	2
	4*.《七月的天山》	1		16*.《和我们一样享受春天》	1
	语文园地一	6		语文园地四	6
	复习检测	3		复习检测	3
第2组 为人真诚	5.《中彩那天》	2	第5组 热爱生命	17.《触摸春天》	2
	6*.《万年牢》	1		18*.《永生的眼睛》	1
	7.《尊严》	2		19.《生命 生命》	2
	8*.《将心比心》	1		20*.《花的勇气》	1
	语文园地二	6		语文园地五	6
	复习检测	3		复习检测	3
第3组 自然之道	9.《自然之道》	2	第6组 乡村生活	21.《乡下人家》	2
	10*.《黄河是怎样变化的》	1		22*.《牧场之国》	1
	11.《蝙蝠和雷达》	2		23.《古诗词三首》	3
	12*.《大自然的启示》	1		24*.《麦哨》	1
	语文园地三	6		语文园地六	6
	复习检测	3		复习检测	3

续 表

教学主题	教学内容	课时	教学主题	教学内容	课时
第7组 成功的故事	25.《两个铁球同时着地》	2	第8组 故事长廊	29.《寓言两则》	2
	26*.《全神贯注》	1		30*.《文成公主进藏》	1
	27.《鱼游到了纸上》	2		31.《普罗米修斯》	2
	28*.《父亲的园子》	1		32*.《渔夫的故事》	1
	语文园地七	6		语文园地八	6
	复习检测	3		复习检测	3
	期中复习与评估	5		期末复习评估	14

备注

单元精读课文教学2课时:第一课时学习学科知识,第二课时复习巩固。略读课文:运用单元精读课文所学知识,引导学生自学。口语交际教学1课时;习作教学讲写评3课时;词语盘点、我的发现、日积月累、展示台1课时。

实施

一、课程资源

1. 义务教育课程标准实验教科书。四年级《语文(下册)》,人民教育出版社。

2. 课内资源利用单元导语、连接语、泡泡语、课后习题、教材后附有的八篇选读课文。

3. 课外资源利用工具书(字典、词典)、教学挂图、同步阅读、教学录音带、投影片、生字生词卡片(教师用、学生用)、同步练习、课外读物(《一千零一夜》《伊索寓言》和中国民间故事等)。

二、教/学活动

1. 识字与写字:自主学习200个随文要认的字,会正确书写至少200个生字。注意多音字、难读准的生字或易混生字。

2. 阅读理解:学习十七篇精读课文时要结合课后练习第一题要求,通过朗读、默读等形式理解课文内容。背诵文中喜欢的部分。利用课后练习,加强对词句的学习和积累。学会"抓住课文主要内容"这种阅读方法来学习课文。十五篇略读课文学习,先参照连接语中的提示,明确阅读要求,然后独立阅读、思考、交流,初步体会内容,最后抓住一两个重点问题,从内容和表达方法两方面讨论、交流,完成学习。

3. 三次小练笔:分别是"想象人物的表现"、"读课文后的感受"、"想象周围的人议论的情景"。

4. 习作:八次习作分别是:写校园景、物、事,写自己的心里话,写大自然中的观察和发现,看图写想象,写热爱生命的人和事,写乡村生活的感受,写敬佩的一个人及自由表达。写自己观察和看到的人、景、事、物,还有看图想象、写童话故事等。要从生活的真实出发,写出自己的所想、所见、所感、所做,应该写具体、写真话、写实话、写心里话,不写假话、空话和套话。

5. 口语交际:八次口语交际分别是:"走,我们去春游"、"以诚待人的事情"、"大自然的启示"、"小小新闻发布会"、"热爱生命的故事"、"乡村生活"、"我敬佩的一个人"、"向你推荐一本书"。其中,"大自然的启示"、"乡村生活"作为口语交际,是"综合性学习"的一部分。在互动交流中,学会倾听,听明白别人讲的主要意思是什么,就不理解的地方向人请教,有不同意见与同学商讨。讨论时,把自己的意思说清楚,一个说完后,另一个再说,不要中途打断别人的话,要尊重别人的发言。

评价

一、评价方式

学期成绩以百分制呈现,由两部分组成,即过程评价占 30%,结果评价占 70%。

1. 过程评价

过程评价(30%)= 平时检测(10%)+ 课堂表现(10%)+ 语文实践活动(10%)

(1) 平时检测:每个单元的检测主要是以试卷的形式,针对本单元的字词和课文的掌握情况以及对所学知识的灵活运用,对学生进行综合性的检测和评价。

(2) 课堂表现:针对课堂回答问题情况、随堂练习完成情况、小组合作学习参与情况综合进行评价。

(3) 实践活动评价：根据写字、朗读、口语交际、习作、综合性学习等板块开展。

2. 结果评价

结果评价主要以综合纸笔检测评分为准。结果评价＝期中考试成绩(20％)＋期末考试成绩(50％)。

3. 学期成绩

学期总评成绩＝过程评价(30％)＋结果评价(70％)。

二、评价结果

1. 平时检测：百分制。

2. 课堂评价：很好、好、一般、继续努力等。

3. 实践活动评价：张贴、公布，奖励优秀作品。小组互评等级制(很积极、较积极、积极、不积极等)。

三、评价结果处理

以上三项内容百分制计算，所有成绩最后将转化为对应等级：优(90 及 90 以上)、良(80～89 分)、合格(60～79 分)、不合格(60 分以下)。成绩不合格者按学校有关规定提供一次补考机会。

教案9:记金华的双龙洞

教材来源: 小学四年级《语文》教科书/人民教育出版社 2012 年版

内容来源: 小学四年级《语文(下册)》第一组

主　　题: 江山如画

课　　时: 共 2 课时,第 1 课时

授课对象: 四年级学生

设 计 者: 许　睿/郑州市教育局教学研究室
　　　　　　王小翠/郑州市上街区中心路小学

目标确定的依据

1. 课程标准相关要求

(1) 掌握本单元至少 28 个生字。读读写写 23 个词语,读读记记 24 个词语,丰富词语的积累。不懂的词语借助工具书或联系上下文来理解。

(2) 学习文章按照一定的顺序描写景物的方法。了解排比句式并学习运用,体会优美语句在表情达意中的作用,背诵优美的篇或段。了解作者写作的特点,尝试把在课文中学到的描写景物的方法,运用到自己的习作中。

2. 教材分析

作为本册第一组第三篇课文,本篇文章的学习是训练学生体会作者用词造句的准确和朴实。学习作者按照游览顺序有条理叙述的表达方式,为本单元的习作练习打下基础。

3. 学情分析

学生在前两篇课文学习中已建立一定的学习基础,对于课文内容的理解不太困难,但学习按游览顺序描绘事物并尝试用这种方法写作对学生有难度,教学时要着重引导学生对文中的重点词句反复揣摩、品味,体会作者是怎样把这些特点写清楚的,以突破学习难点。

教学目标

1. 通过认读字卡和书写练习,正确认读 6 个生字,书写 13 个生字。正确读写"拥挤、孔隙、稍微、蜿蜒、突兀森郁"等词语,并积累运用。

2. 通过个别读、分组读、齐读等多种读书形式,练习朗读课文,做到读准字音,不添字、不丢字、读流利、带着理解读出感情。背诵课文第 5 自然段。

3. 通过画游览路线示意图,学习作者按游览顺序进行叙述的写作方法。通过"导游介绍"等活动复述"双龙洞"景象。

评价任务

1. 书写"拥挤、孔隙、稍微、蜿蜒、突兀森郁"等 13 个词语。

2. 以个别读、分组读等形式朗读课文。背诵第 5 段。

3. 按照游览顺序画出游览路线示意图,画后解说示意图,复述洞内景象。

教学过程

教学环节	教学活动	评价要点
环节一 检查预习 导入新课	活动一 检查预习情况。借助文本、字典或词典或联系上下文解释词语。	说一说石钟乳、石笋等词语的意思。
	活动二 认读生字表一类字中的 6 个生字,读准字音,识记"簇、臀、擦、蜿"等字的字形。正确书写生字表二类字中的 13 个生字。(完成目标一)	准确读出本课生字新词,并会组词造句。按笔顺书写生字。(评价目标一)
环节二 初读课文 理清顺序	活动一 1. 自由朗读全文,遇到难读的句子多读几遍。 2. 个别读、分组读、齐读、带读,练习正确流利地朗读课文。(完成目标二)	读准字音、不读破句、不丢字、不添字、不重复。(评价目标二的朗读任务)
	活动二 默读全文,要求边读边画出作者游览路线示意图。(可以各自进行,也可几个同学讨论完成。)(完成目标二、目标三)	按照途中、洞口、外洞、孔隙、内洞画出示意图。(评价目标二、三)
环节三 品读课文 体会语句	活动三 从文中找一找作者是用什么方法把内洞特点写出来的。 着重感悟下列句子: 1. 我又感觉要是把头稍微抬起一点儿……擦伤鼻子。 体验由于孔隙的窄小而形成"挤压"的感觉。 2. 这些石钟乳和石笋,形状变化多端……也很值得观赏。(完成目标三)	说出对这些句子意思的理解以及文中"打比方"、"说感觉"等手法的运用。(评价目标三)
环节四 复述景点 练习背诵	活动一 默读课文,抓关键词句"即使"来理解内洞的景象特点。	用自己的话说说"内洞比外洞大"的感受。(评价目标二)
	活动二 任选双龙洞其中一个景点进行复述。采用导游介绍等形式进行。(完成目标三)	流畅、通顺地复述。(评价目标三)
	活动三　根据习题提示练习背诵。(完成目标二)	正确背诵课文第五段。(评价目标二)

附:板书设计

记金华的双龙洞

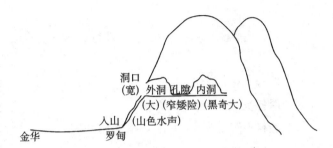

10　语文(六年级上册)课程纲要

课程名称: 语文

课程类型: 必修

教材来源: 人民教育出版社 2012 年版

适用年级: 小学六年级

课　　时: 144 课时

设 计 者: 许　睿/郑州市教育局教学研究室

　　　　　陈　珂/郑州市中原区伊河路小学

背 景

　　本册教材,根据学生的认知特点,选编了二十八篇文质兼美、富有文化内涵的文章,较全面地总结、归纳了文章的读写方法。因此,语文学习要在文章内容理解和作者情感把握的基础上,更注重阅读及表达方法的习得,这也是本册的学习重点。六年级学生在前五年的学习中,已经具备了一定的听、说、读、写能力。阅读过程中多数学生能比较准确地理解文章大意,体会作者的思想情感,但对含义深刻句子的理解有一定的难度。在习作中学生能具体明确地表达自己的见闻和感受,但在展开联想和想象的表达方面有所欠缺,学习过程中应给予充分关注和引导。

目标

1. 通过自学,同桌互助,交流展示、书写比赛等形式能准确识记、美观书写生字,体会汉字的优美,养成良好的书写习惯,提高识字写字能力。

2. 通过朗读、默读、浏览、诵读等多种阅读方式学习课文,丰富语言的积累,了解表达的顺序,领悟表达的方法,进一步发展阅读、感受和理解的能力。

3. 通过观察、阅读、调查访谈等方式积累习作素材,具体明确地写记实和想象作文;初步尝试写演讲稿、建议书;能通过自评、互评等方式修改习作,提高写作水平。

4. 通过情境创设,角色体验,交流互动等方式进行口语交际,在听录音讲故事、学习汇报会、主题演讲、专题辩论等丰富的活动中,认真倾听他人发言,有条理地表达自己的见解,提高口语交际的水平,培养良好的语言习惯。

5. 通过调查访问、欣赏朗诵、知识竞赛等活动开展综合性学习,感受诗歌的魅力,增强对祖国的热爱之情,提高搜集处理信息及语文综合运用能力。

内容

分享本册课程纲要1课时。采用学生默读,提问质疑,小组交流的方式分享。					
教学主题	教学内容	课时	教学主题	教学内容	课时
第1组 感受自然	1.《山中访友》	2	第3组 人间真情	8*.《中华少年》	1
	2*.《山雨》	1		口语交际习作二	4
	3.《草虫的村落》	2		回顾拓展二	3
	4*.《索溪峪的"野"》	1		复习检测	3
	口语交际习作一	4		9.《穷人》	2
	回顾拓展一	2		10*.《别饿坏了那匹马》	1
	复习检测	3		11.《唯一的听众》	2
第2组 祖国在我心中	5.《詹天佑》	2		12*.《用心灵去倾听》	1
	6.《怀念母亲》	2		口语交际习作三	4
	7*.《彩色的翅膀》	1		回顾拓展三	2

续　表

教学主题	教学内容	课时	教学主题	教学内容	课时
	复习检测	3		复习检测	3
第4组 珍惜资源	13.《只有一个地球》	2	第7组 人与动物	21.《老人与海鸥》	2
	14*.《鹿和狼的故事》	1		22*.《跑进家来的松鼠》	1
	15.《这片土地是神圣的》	2		23.《最后一头战象》	2
	16＊.《青山不老》	1		24*.《金色的脚印》	1
	口语交际习作四	4		口语交际习作七	4
	回顾拓展四	2		回顾拓展七	2
	复习检测	3		复习检测	3
	期中复习与评估	7	第8组 艺术魅力	25.《伯牙绝弦》	2
第5组 初识鲁迅	17.《少年闰土》	2		26.《月光曲》	2
	18.《我的伯父鲁迅先生》	2		27*.《蒙娜丽莎之约》	1
	19*.《一面》	1		28*.《我的舞台》	1
	20*.《有的人》	1		口语交际习作八	4
	口语交际习作五	4		回顾拓展八	2
	回顾拓展五	2		复习检测	3
	复习检测	3			
第6组 综合性学习	诗海拾贝	6			
	与诗同行	6		期末复习评估	15

备注
精读课文教学2课时:第一课时学习学科知识,第二课时复习巩固;略读课文:运用精读课文所学知识,引导学生自学;口语交际教学1课时;习作教学讲、写、评3课时;词语盘点、交流平台、日积月累1课时;趣味语文及课后补充教材教学1课时。单元复习1课时;单元书面评价:考与评2课时。

实施

一、课程资源

1. 义务教育课程标准实验教科书。六年级《语文(上册)》,人民教育出版社。

2. 课内资源:利用教材中的单元导语、课后习题、阅读提示、课后资料袋、阅读链接、交流平台以及所附八篇选读课文等进行学习,整合单元内容。

3. 课外资源可利用"班班通"等现代科技手段拓宽语文学习的视野和空间;还要通过阅读书报杂志、上网、收看电视、实地参观调查、开展知识竞赛等方式,拓宽语文学习和运用的领域,提高学习的效率。

二、教/学活动

1. 识字与写字

本学期要求会写至少 120 个生字,学生要运用已有的识字方法自主识写。组织开展一次书写比赛,要求学生在规定的时间内,把字写得正确、美观。

2. 阅读理解

课内阅读:学习十四篇精读课文和十四篇略读课文。阅读中着力培养边默读边思考的习惯,开展加快默读速度的训练,领会文章表达方法并尝试运用也是本期阅读教学中的重点。

课外阅读:开学初举行好书推荐会。每周完成一份"阅读记录卡",每两周举行一次好书交流会,分享课外读书的收获。

3. 习作

本册教材安排了七次习作和三次练笔,除了写纪实和想象作文外,还要学写演讲稿、建议书及简单的活动总结。习作中要注意有一定的速度,重视习作前的指导和习作后的讲评,通过范文引路、自评互评、认真修改等方式提高习作质量及水平。

4. 口语交际

根据教材的安排,选择口语交际的话题,活动安排如下:听录音讲故事、"祖国在我心中"演讲比赛、"讲诚信与善意的谎言"主题辩论会。在交际过程中做到认真倾听,大胆表达,更重要的是在交际的过程中能有针对性地与人交流自己的看法。

5. 综合性学习

本册教材安排两次综合性学习。

"祖国在我心中"活动安排：实地调查、体察祖国的变化、搜集爱国的诗词格言、办"祖国在我心中"的主题手抄报等。

"轻叩诗歌的大门"活动安排：诗歌朗诵会、诗歌知识竞赛、学写活动总结等。

评价

一、评价方式

学期总评成绩＝过程评价成绩(30分)＋结果评价成绩(70分)。

1. 过程评价(30分)

过程评价(30分)＝识字与写字(5分)＋阅读理解(10分)＋习作(5分)＋口语交际(5分)＋综合性学习(5分)

评价内容	等级描述
识字与写字(5分)	根据写字姿势和平时作业的书写情况分为三个等级：5分、3分、1分。
阅读理解(10分)	① 课内阅读(5分)：根据上课听讲、思考问题、与同学交流讨论和积极表达阅读感受的情况分为三个等级：5分、3分、1分。
	② 课外阅读(5分)：根据阅读量、交流课外读书收获以及完成"阅读记录卡"的情况分为三个等级：5分、3分、1分。
习作(5分)	根据完成习作的质量和习作修改的情况分为三个等级：5分、3分、1分。
口语交际(5分)	根据交际过程中倾听的态度和有针对性地表达见解的情况分为三个等级：5分、3分、1分。
综合性学习(5分)	根据参与活动的积极性、搜集整理资料及展示交流学习成果的情况分为三个等级：5分、3分、1分。

2. 结果评价(70分)

结果评价主要以综合纸笔检测评分为准。结果评价 = 期中考试成绩(20分) + 期末考试成绩(50分)。(注:期中及期末考试满分均为100分,折合相应分数计入)

二、评价结果处理

以上两项内容以百分制计算,所有成绩最后将转化为对应等级:优(90及90以上)、良(80~89分)、合格(60~79分)、不合格(60分以下)。成绩不合格者按学校有关规定提供一次补考机会。

教案 10：唯一的听众

教材来源： 小学六年级《语文》教科书/人民教育出版社 2012 年版

内容来源： 小学六年级《语文(上册)》第三组

主　题： 人间真情

课　时： 共 2 课时，第 1 课时

授课对象： 六年级学生

设 计 者： 许　睿/郑州市教育局教学研究室
陈　珂/郑州市中原区伊河路小学

目标确定的依据

1. 课程标准相关要求

(1) 有较强的独立识字能力。能联系上下文和自己的积累,推想文中有关词句意思,体会其表达效果。

(2) 能用普通话正确、流利、有感情地朗读课文。在阅读中了解文章表达顺序,体会作者思想感情,初步领悟文章的基本表达方法。在交流讨论中敢于提出看法,作出自己的判断。

2. 教材分析

六年级上册教材的第三组课文以"人间真情"为专题,安排相关教学内容。《唯一的听众》这篇课文赞美了一位音乐学院的老教授呵护、鼓励年轻人成才的美德。本篇课文的重难点是引导学生通过阅读课文,从老教授的语言、神态中感受她对年轻人的关爱;学习作者通过环境、语言、神态等方面的描写,抒发美好情感的表达方法,也为本组写人与人之间相互关爱的习作做好铺垫。

3. 学情分析

六年级学生具有较强的独立识字写字能力,阅读过程中能熟练运用抓重点词、联系上下文、自读自悟等多种学习方法进行学习。在之前的学习中,学生接触过许多描写人物的文章,阅读中应抓住人物语言、神态描写来感受老教授对年轻人的呵护与鼓励,这一教学重点可以通过自读自悟,生生互动等方式进行自主学习。领悟作者刻画人物的方法,学会表达运用则需要教师课堂上创设情境,使学生运用课上习得的表达方法进行练笔,进行写法迁移。

教学目标

1. 通过自由练读、同桌互助、观察比较、全班交流等方式,准确认读 6 个生字,正确书写"神圣、悠悠、抱歉、溜走、割舍"等词语。
2. 通过自由朗读、同桌互助的方式,用简练准确的语言概括文章大意。运用默读,抓关键词句、联系上下文、想象画面、有感情地朗读等阅读方法,感受老教授对"我"的呵护和鼓励。
3. 通过自读自悟,讨论交流,体会作者运用语言、神态等刻画人物形象的方法,并尝试运用在习作中。

评价任务

1. 认读生字词,听写词语。

2. 通过默读的方式画出描写老教授语言神态的语句,并进行想象写话。

3. 根据教师创设的情境,运用人物语言神态、刻画人物形象的方法进行场景描写。

教学过程

教学环节	教学活动	评价要点
环节一 导入新课 检查预习	活动一 PPT 课件出示本文 6 个生字,以自由练读、同桌互助、观察比较、全班交流等方式,读准字音,认清字形。	读准 6 个生字的字音,认清字形并关注生字的关键笔画。
	活动二 1. PPT 课件出示"神圣、悠悠、抱歉、溜走、割舍"等词语,学生认读。 2. 听写词语,个体学生演板,全体听写后,同桌互改,纠正。(完成目标一)	正确认读、书写本课生字新词。 (评价目标一)
环节二 初读课文 整体把握	活动一 1. 学生自由朗读课文,同桌互助,全班交流,概括课文主要内容。 2. 教师提问:"谁能用简练的语言概括课文的主要内容?"	学生能抓住要点,根据文中年轻人的变化过程简要概述文章的主要内容,整体把握文章大意。
环节三 品读课文 感受美德	活动一 默读课文,画出描写老人的相关语句,进行批注。教师口述自学要求:"请同学们默读课文,边读边画出文中描写'老人'的相关语句,联系上下文,细细品味,也可以把你的感受批注在旁边。"	学生能准确画出描写老人的相关语句,通过抓关键词、联系上下文等方法简要批注阅读感受。
	活动二 1. 同桌交流,画出描写"老人"的相关语句及批注自己的理解和感悟。 2. 全班交流描写"老人"的相关语句,ppt 课件相机出示学生交流的句子,教师引导学生认真倾听,相互补充,鼓励学生发表自己不同的见解,并引导学生想象画面,角色置换,走进人物内心,体会人物丰富的情感。 3. 学生交流过程中,相机引导学生有感情地朗读相关语句。	1. 通过讨论交流,理解老人话语的深刻内涵。 2. 朗读时要正确理解语句内涵,准确把握人物情感,恰当处理好语音、语调、语气等。

续 表

教学环节	教学活动	评价要点
	备注： ① 朗读时要求学生读出自己的理解,读出句子中蕴含的人物情感。 ② 借助教师范读、分角色朗读以及配乐朗读加深学生的情感体验。	
	活动三 ppt 课件出示课堂练习： 根据课文内容,想象写话。 1. 当我拉出像锯床腿一样的琴声时,她平静地望着我,仿佛在说："_____ _____" 2. 当我有了几分信心,每天去小树林拉琴时,她一直很平静地望着我,仿佛在说："_____" 3. 当我渐渐奏出真正的音乐时,她微笑着用慈祥的眼神平静地望着我,仿佛在说："_____"（完成目标二）	能透过老人平静的目光,体会其中所蕴含的丰富情感,感受老人对年轻人的爱护和鼓励。（评价目标二）
环节四 领悟写法 积累运用	活动一 1. 小组讨论：作者为了表现老人对年轻人的关爱、鼓励,运用了怎样的写法？ 2. 小结：作者通过细致刻画人物语言、神态的方法,展示人物丰富的内心,表现人物美好品德,在平时的习作中可以尝试运用。	学生能在教师的引导下关注文章表达,领悟作者通过人物语言、神态等方面的描写,抒发美好情感的表达方法。
	活动二 1. ppt 课件出示文中插图,配乐,教师创设情境,引导学生想象画面,走入情境,运用作者描写人物的方法当堂练笔。配乐创设情境,教师："如果你就是这位年轻人,当你得知这位"耳聋"的老人竟是音乐学院的教授时,回忆起她与你相知相伴的点点滴滴……你一定有太多的话想对她倾诉,想象你与老人再次相见的情景,你会说些什么？老人又会有怎样的表现呢？ 2. 全班交流分享。（完成目标三）	学生能在教师创设的情境中,从文中年轻人的角度,想象与老人再次相遇的情景,学习作者抓住人物语言、神态等描写的方法练习写话。（不少于 200 字） （评价目标三）

附:板书设计

唯一的听众

语言   神态

关爱   鼓励   赞赏   期待   ……

11 语文(七年级下册)课程纲要

课程名称: 语文

课程类型: 必修

教材来源: 人民教育出版社 2012 年版

适用年级: 初中七年级

授课时间: 90 课时

设 计 者: 卢　臻/郑州市教育局教学研究室

　　　　　　许巧枝/郑州市第七十三中学

　　　　　　康明达/郑州市第六十八中学

背 景

本册教材共六个单元,分别以"成长"、"爱国"、"名人"、"文化艺术"、"探险"、"动物"为主题;每单元前四篇为现代文,第五篇为文言文。同一个主题以不同的文体为载体,每单元配之以同一主题的综合性活动,对学生进行阅读、写作和口语交际的训练,加之课本中三次对朗读的精要指导,以及课后名著的阅读指导、书法艺术的欣赏指导等,教材内容丰富,可以不断提升学生的语文素养,促进其心灵逐步成长。

七年级下册主要以写人记事的文章为主,现代诗歌的比重虽有所下降,但《诗两首》、《黄河颂》、《华南虎》等篇章则更加突出诗歌文质兼美的特点。

学生在七年级上册的学习中已经初步掌握了复述课文、梳理文章脉络、提炼主旨及品析含义深刻的句子等基本的阅读方法;了解了比喻、拟人、排比等修辞手法的作用;能够结合自己的生活经验表达阅读感受;对诗歌中形象的塑造有了一点粗浅的认识,能够依据文中情境展开联想、想象,并能够尝试仿写、续写或改写。这对于七年级下册的学习帮助是非常大的。教材内容的延展和更新,使学生阅读实践得以有效衔接,在此基础上,学生将进一步学习小说、人物传记、散文等。

目标

1. 能够从汉字音、形、义一体的角度准确识记字音、字形,理解和推断字义,正确运用词语;能够通过语境或对词语的删减替换等体会语句表情达意的作用;能够从内容、结构、句式、修辞等角度赏析关键语句的表达效果。

2. 能够概括诗、文主要内容,理清文章的思路、结构,归纳文章主旨(或情感、哲理),用自己的语言表达阅读感受;能够结合典型事件及人物描写,概括人物性格特点或精神品质。

3. 能够借助注释和工具书理解文言文的基本内容,对常用实词、虚词分类积累;能够正确背诵、默写经典古诗文;能够广泛阅读教材涉及的名著,并能够提炼主要内容。

4. 能读懂图画和简单的图表,能够根据要求将其转化为文字表述,或揭示其寓意,或谈谈自己的认识。

5. 能够围绕中心选取材料并安排写作顺序,有主次、有细节;能发挥联想与想象,对经典课文进行恰当的补写、续写或改写。

6. 在口语交际中,能够有主次、有条理地表达自己的感受或看法。能够结合相关知识和经验完成综合性学习活动。

内容和实施

单元	学习内容	课时	学习资源	学习活动
单元	分享《课程纲要》	1	课程纲要	教师讲解课程结构及学习策略;学生通过阅读、讨论,了解学习目标及学习方法。
第一单元	1.《从百草园到三味书屋》	3	《百草园的夜色》;电影/小说《城南旧事》;《安徒生童话选》;《创新阅读》相关篇目。	1. 学生自主学习,运用导学案预习新课,发现并提出有深度、有价值的问题进行合作探究; 2. 学生对作品中人物所遭遇的成长问题进行深入讨论,并能联系自己的成长经历谈阅读体验;
	2.《爸爸的花儿落了》	2		
	3.《丑小鸭》	1		
	4.《诗两首》	2		

续　表

单元	学习内容	课时	学习资源	学习活动
单元	分享《课程纲要》	1	课程纲要	教师讲解课程结构及学习策略;学生通过阅读、讨论,了解学习目标及学习方法。
	5.《伤仲永》	2		3. 教师指导学法:如何抓住关键句梳理文章思路,如何根据人物描写分析人物形象等。
	综合性活动:成长的烦恼(写作)	3		
第二单元	6.《黄河颂》	2	《黄河颂》朗诵带;《从容就义》(《红岩》节选);《到五月花烈士公墓去》)、"九一八"视频资料,搜集黄河资料。	1. 教师从重音、节奏、语调的变化等方面指导学生有感情地朗读; 2. 立足课文,结合现实,就爱国主题展开多种形式的讨论; 3. 小组合作,品味、积累、仿写精彩语句; 4. 了解黄河历史及水文资料,民间故事,关注黄河现状,写环保标语。
	7.《最后一课》	2		
	8.《艰难的国运与雄健的国民》	1		
	9.《土地的誓言》	1		
	10.《木兰诗》	2		
	综合性活动:黄河,母亲河(写作)	4		
第三单元	11.《邓稼先》	3	《贝多芬传》;《有一种爱叫"国家机密"》;《他是一片温暖的湖泊》。	1. 小组合作办手抄报,以整合单元内容,深入了解邓稼先等杰出人物,培养概括、评价能力; 2. 举办"走近名人"读书报告会,深入探究杰出人物的内心世界; 3. 探究各种人物描写手法的特点、作用; 3. 自主学习,分类归纳文言文中的虚词和实词。
	12.《闻一多先生的说和做》	2		
	13.《音乐巨人贝多芬》	1		
	14.《福楼拜家的星期天》	1		
	15.《孙权劝学》	1		
	综合性活动:我也追星(写作)	4		
	知识系统梳理及期中考试	7	教材、《语文活页》、试卷。	举办基础知识竞赛;阅读方法归类指导;写作技巧讲座。
第四单元	16.《社戏》	3	《看社戏》;《陕北唢呐》;《卖口技者要客肃听》;丰子恺漫画。	1. 开展"艺术推介"活动,介绍社戏等文化艺术,培养筛选、概括信息的能力; 2. 有感情地朗读,深入体味不同特点的语言表达效果; 3. 利用评价标准,有针对性地指导学生写作记叙文; 4. 举行民间采风活动,了解家乡的文化艺术,学会接受和传承民族文化。
	17.《安塞腰鼓》	2		
	18.《竹影》	2		
	19.《观舞记》	2		
	20.《口技》	2		
	综合性活动:戏曲大舞台(写作)	4		

续 表

单元	学习内容	课时	学习资源	学习活动
单元	分享《课程纲要》	1	课程纲要	教师讲解课程结构及学习策略;学生通过阅读、讨论,了解学习目标及学习方法。
第五单元	21.《伟大的悲剧》	2	《在沙漠中心》;《徒步走到南极》;登顶珠峰资料。	1. 以故事会的形式展开学习,歌颂英雄,唱响生命,激发探索自然奥秘的壮志豪情; 2. 结合文本,联系实际,探究探险的价值以及主客观条件; 3. 举行《我最崇敬的英雄》演讲比赛。
	22.《在沙漠中心》	2		
	23.《登上地球之巅》	1		
	24.《真正的英雄》	1		
	25.《短文两篇》	2		
	综合性活动:漫话探险(写作)	3		
第六单元	26.《猫》	2	《母亲的白鹅》;《火豹》;小说《斑羚飞渡》。	1. 讨论人和动物的关系,激发关爱动物、善待生命的情感; 2. 探究动物的内心世界,结合生活体验,大胆发表自己的见解; 3. 有感情地朗读,体会关键语句的内涵; 4. 以《假如"我"是马》为题写随笔。
	27.《斑羚飞渡》	2		
	28.《华南虎》	1		
	29.《马》	1		
	30.《狼》	2		
	综合性活动:马的世界(写作)	4		
	知识系统梳理及期末考试	7	教材、试卷、《语文活页》。	知识整合,阅读、写作技能提升训练。

评价

一、评价内容

1. 过程性评价(30%)

评价项目	评价依据	评价主体
课堂表现	针对听讲、发言情况及小组合作学习参与情况进行综合评价。组长一周一汇总,跟踪记录,班级公示。(10分)	自评、生评、师评

评价项目	评价依据	评价主体
作业表现	跟踪式记录日记、摘抄、作文、学案完成情况。每周两篇日记,三次摘抄,两周一次大作文,学案随教学进度,综合性活动随单元进度。对作业完成程度、上交时间、订正效果进行观察记录。(10分)	组评、师评
单元测试	单元测试成绩都按照一定比例进行折算,计入过程性评价。(5分)	师评
表现性目标	经典文段的朗读、演讲、表演、仿写等表现性目标,依据相应的评价标准进行指导、规范和评价。(5分)	师生共评

2. 期末学业水平测试成绩(70%)

期末学业水平测试满分100分,按70%计入学期总评成绩。

二、评价标准

书面作业(10分)	整洁度(4分)	1. 字体工整。	2分
		2. 字面整洁,无涂改。	2分
	完善度(3分)	1. 不空题,答题完整。	1分
		2. 答题详尽。主观题答题字数达到要求。	2分
	正确率(3分)	1. 答题正确率80%~100%。	2~3分
		2. 答题正确率60%~80%。	1~2分
上课及讨论情况(10分)	参与度(5分)	1. 认真按教师要求完成任务。	3分
		2. 积极参与小组活动、展示等。	2分
	达成度(5分)	1. 识记、理解达到80%~100%。	1~2分
		2. 分析综合、鉴赏应用达到80%~100%。	2~3分
表现性目标(以诵读、仿写为例)(10分)	1. 诵读:脱稿(1分);抑扬顿挫(1分);突出重音和节奏(1分);突出情感或心理变化(2分)。		
	2. 仿写:依照原句段句式、结构或修辞(2分);话题统一(1分);感情色彩统一(1分);通顺流畅,不增删字数(1分)。		

三、评价结果

学期总评成绩(100 分) = 过程评价成绩(30 分) + 期末考试成绩(70 分),总评成绩低于 60 分的学生可于下学期开学申请补考。

教案 11：竹影

教材来源： 义务教育课程标准实验教科书《语文》/人民教育出版社 2011 年版

内容来源： 初中七年级《语文(下册)》第四单元

主　　题： 文化艺术

课　　时： 1 课时

授课对象： 七年级学生

设 计 者： 卢　臻/郑州市教育局教学研究室

　　　　　　　许巧枝/郑州市第七十三中学

　　　　　　　康明达/郑州市第六十八中学

目标确定的依据

1. 课程标准相关要求

(1) 在通读课文的基础上,理清思路,理解、分析主要内容,体味和推敲重要词句在语言环境中的意义和作用。

(2) 对课文的内容和表达有自己的心得,能提出自己的看法,并能运用合作的方式,共同探讨、分析、解决疑难问题。

(3) 欣赏文学作品,有自己的情感体验,初步领悟作品的内涵,从中获得对自然、社会、人生的有益启示。对作品中感人的情境和形象,能说出自己的体验;品味作品中富于表现力的语言。

2. 教材分析

《竹影》以中国画艺术为主题,但学习内容并不仅限于介绍中国画。作者平实而不乏生动、充满童真童趣的精彩描写,为文章增添了无限文学价值及审美趣味。月夜乘凉,竹影婆娑,引得孩子们拿起木炭描画竹影,不由自主地走到艺术殿堂的门口;"爸爸"的参与及循循善诱,将他们自然引进艺术之门。其实,艺术本就源自生活,生活之美趣是激发孩子们向往艺术的电光火石。因此,作者从幼年时期的游戏中所获得的有关"中国画"的艺术感受,将为学生稚嫩的心灵补给无限的艺术滋养。

3. 学情分析

七年级上学期,教材所选典范的记叙文尽管不多,如《走一步再走一步》、《羚羊木雕》等,但学生已初步获得了"概括主体事件"的经验;同时,通过《紫藤萝瀑布》、《春》、《济南的冬天》、《蝉》、《行道树》等借物抒情或托物言志的经典散文的学习,已基本掌握"抓住特征描写事物"的写法。但在整体感知的基础上概括主要内容、归纳主旨、品析关键语句等能力尚显不足,学生一般能够抓住主要事件却很难用自己的话简要概括,更难于品析重要语句的要义,因此进一步提高赏鉴语言的能力和筛选、概括信息的能力十分必要。

在语文实践中接受艺术的熏陶,培养审美趣味与艺术品鉴能力,是语文学习的内在诉求。因此,在提高语文能力的过程中逐步提升文化艺术素养是语文学习的重点。

课后"研讨与练习"也从不同角度为此学习重点做了一定的提示。

目标

1. 自读课文,抓住主要信息,用自己的话简明介绍"中国画"。
2. 能够用换、删方法,分析关键语句的表达效果。
3. 小组研讨,概括文章的写作意图,并谈谈自己所受的启发。

评价任务

1. 师生共定评价标准,依据标准简明介绍"风竹图"。
2. 找到内涵丰富的语句,通过调换词语等方法分析其表达效果。
3. 按照评价标准说一说自己的学习感受或所受的启发。

教学过程

学习目标	学习活动	课堂评价		教师活动
		评价方式	评价标准	
目标1: 自读课文,抓住主要信息,用自己的话简明介绍"中国画"	活动1:回顾旧知,讨论介绍事物的标准。	交流性评价	1. 抓住事物的特征; 2. 从多个角度介绍。	激趣引导 组织讨论 组织评价 反馈指导
	活动2:(1)自读课文,依据标准尝试介绍"中国画"; (2)展示讨论,补充评价标准。	交流性评价	1. 抓住事物的特征; 2. 从多个角度介绍; 3. 语言要简洁、明确。	
	活动3:(1)仔细观察插图《风竹图》,依据评价标准简明介绍; (2)展示讨论,补充评价标准。	表现性评价	1. 抓住事物的特征; 2. 从多个角度介绍; 3. 语言要简洁、明确; 4. 按照一定的顺序介绍。	示范引领 组织评价 反馈指导
目标2: 教师指导,用换、删方法,仔细分析关键语句的表达效果。	活动4:小组合作,概括文章主要内容。	交流性评价	1. 概括主要事件以"人+动词+核心事物(或人+事)"为主要内容; 2. 要揭示事件的内涵。	组织学生讨论、互评
目标3: 小组研讨,概括文章的写作意图,并谈谈自己所受的启发。	活动5:找出并品析关键语句,分析表达效果。	交流性评价	1. 能够找到"墨画在中国画中是很高贵的一种画法"等语句; 2. 能够运用换、删方法比较表达效果,比如上句中"高贵"能否换成珍贵、高尚等。	点拨启发

续　表

学习目标	学习活动	课堂评价		教师活动
		评价方式	评价标准	
	活动6:探究文章的写作目的,归纳文章主旨。	表现性评价	1. 概括主要内容; 2. 明确基本情感; 3. 点明写作意图; 4. 语言简练、流畅、有序。	引导 示范
	活动7:结合板书,用简笔画的形式畅谈自己的学习感受。	表现性评价	1. 在板书内容上加笔画成字或加线条成画; 2. 结合文章内容、主旨或写法; 3. 说出自己对中国文化艺术的认识。	点评
作业布置	反思总结: 1. 介绍一个事物需要达到怎样的标准?"我"的补充是什么? 2. 怎样概括文章的主要内容?从哪些角度归纳文章的主旨?			
	问题探究: 文章基本上写的是"中国画",为什么以"竹影"为题?把文章前面一部分去掉行不行?为什么?			

12　语文(八年级下册)课程纲要

课程名称: 语文

课程类型: 必修

教材来源: 人民教育出版社 2009 年版

适用年级: 初中八年级

课　　时: 90 课时

设 计 者: 刘惠臻/郑州市教育局教学研究室

李宝虹/郑州市第五十一中学

背景

本学期记叙类文本增加了科学环保和民俗文化的相关内容;文言文篇幅长度增加,理解难度增大;诗歌单元增加了宋词和元曲。这些变化,有助于学生思考语文与生活、与科学、与传统文化的联系,拓宽语文学习和运用的领域。

八年级下学期,绝大部分学生已能比较准确地概括文本内容,评析人物形象;能借助工具书和注释读懂浅易古诗文的大意;书面表达能做到叙事完整,并能初步运用记叙、描写、抒情等多种表达方式。但在品味语言的含义及妙处,评价文本的思想内涵,赏析文本的艺术手法,理解、鉴赏相对复杂的古诗文等方面的能力有待提高,对古诗文学习的兴趣尚需激发和培养;根据表情达意的需要恰当运用多种表达方式的能力和写作兴趣也有待提高。

目标

1. 能准确认读本册教材"读一读 写一写"中出现的字词并正确、规范地书写；能结合语境体味和推敲重要词语在文中的含义。

2. 能根据不同的阅读目的和文本类型选用朗读、默读、浏览、略读、精读等阅读方式；朗读做到流畅自然，并能通过恰当的语气语调传达出语言背后的情味。课外总阅读量不少于 80 万字。

3. 在通读文本、梳理文章内容结构的基础上，能针对课文内容和表达方面不易理解之处发表自己的看法，并通过有效的合作解决疑难问题，发展独立阅读能力与合作学习能力。

4. 通过研读文本，能辨析和鉴赏叙述、描写、议论、抒情等表达方式和常用修辞手法，能对作品中感人的情境和形象有所体验，对自然、社会、人生、传统文化等有正确的认识。

5. 能在读懂古诗文大意的基础上，积累本册教材中出现的常见文言词语，客观评价作品的思想内容，初步欣赏古人写景、叙事、议论的艺术。至少背诵优秀古诗文 27 篇(首)。

6. 能在 45 分钟内完成 600 字左右的记叙文；能根据需要恰当选用多种表达方式，做到内容具体充实。口语交际中，能有中心、有根据、有条理地表达看法。能运用知识积累和生活经验完成综合性学习活动。

内容和实施

单元	课程内容	课时	学习目标	学习活动	课程资源
	《课程纲要》	1	明确本学期主要学习内容及安排。	1. 研讨课程纲要，熟悉本学期学习重点。 2. 整理意见建议，修改完善纲要。	① 课标； ② 课程纲要。
叙事散文	《藤野先生》	2	1. 能在朗读中读出语言的情味。 2. 能理解文本结构与内容的关系。	1. 默读全文，理清思路，分清主要内容和次要内容，并探讨两者之间的关系。	①《呐喊》自序； ② 邓康延《先生》中介绍胡适的文字；
	《我的母亲》	2			
	《我的第一本书》	1			

续　表

单元	课程内容	课时	学习目标	学习活动	课程资源
叙事散文	《列夫·托尔斯泰》	1	3. 能对文本的思想内涵做出评价。 4. 能理解、赏析精彩的语句语段。	2. 自读、听读文中含有深意或饱含感情的语句语段，读出言外之意。 3. 结合文本评析课文的思想内涵或价值取向，交流从课文中获得的体验或启示。 4. 通过品味语言，赏析人物描写的方法；通过点评、批注、比较等方法理解、赏析重要词句、语段在文中的含义和作用。	③《假如给我三天光明》
	《再塑生命》	1			
综合性学习·写作·口语交际		3	1. 学会理解、关心亲友。 2. 在写作中能围绕主题选择典型的、富有表现力的材料，写出真情实感。 3. 能围绕主题和明确的目的跟他人交流。	1. 采访一位亲友，列采访提纲，做好记录，为之写一篇小传。要求：情感真挚，选材典型，描写生动。 2. 按以上要求自评、互评、修改小传。 3. 将修改后的小传送给这位亲友，请他/她写评语；搜集有关亲情友情的图文音像资料，小组合作，做成 PPT。举行亲友联谊会，一起交流分享以上成果。	学生的采访记录、作文及搜集的资料。
单元复习		2			
散文诗	《雪》	2	1. 朗读做到感情饱满、富有感染力。 2. 理解意蕴深刻的句子，赏析语言的精妙之处。 3. 理解课文情感内涵，学会自然地抒发感情。	1. 反复试读、听读，评价、改进朗读。 2. 通过点评、批注、调换词句等方法，赏析意蕴深刻或富于表现力的语句。 3. 在诵读中展开联想和想象，感受课文的意境，理解作者的情感。学习直接抒情与间接抒情的表达方式。	① 根据郭沫若剧本《屈原》改编的电影； ② 课文朗诵录音。
	《雷电颂》	1			
	《短文两篇》	1			
	《海燕》	2			
	《组歌》	1			

续　表

单元	课程内容	课时	学习目标	学习活动	课程资源
综合性学习·写作·口语交际		3	1. 培养观察生活、记录生活的意识和习惯。 2. 能根据表达的需要选择恰当的素材。 3. 学会生动地描写、自然地抒情。	1. 观察并逐日记下某种植物的生长变化过程，编一辑"自然日志"，班内分享。 2. 办一份"春之韵"手抄报，在班级展示。 3. 写一篇与春天有关的作文。要求：主题明确，有具体生动的景物描写，能恰当使用直接抒情和间接抒情。	① 大自然； ② 学生的观察记录、照片和搜集的诗文名句。
单元复习		1			
古诗文	《与朱元思书》	2	1. 能准确背默每篇课文，积累重要的文学常识。 2. 能理解课文的字面意思和深层含义。 3. 能赏析写景、叙事、议论的艺术；理解、评价作品的思想内容。	1. 不借助工具书和注释独立理解诗文大意，然后查看工具书和注释，修正误解。 2. 反复诵读，准确背默每篇课文；积累出现频率高的文言词语和文学常识。 3. 圈点勾画、点评批注，赏析写景、叙事、议论的艺术效果；结合自己的生活体验评价作品的思想内容。 4. 通过观看《唐之韵》系列节目，深入了解本单元涉及的著名唐代诗人及其诗作。	① 古汉语词典； ② 朗读录音； ③ 视频《唐之韵》之"一代诗豪"、"风流才子"等专题。
	《五柳先生传》	2			
	《马说》	2			
	《送东阳马生序》	2			
	《诗词曲五首》	2			
综合性学习·写作·口语交际		3	1. 感受古诗文的美，培养阅读古诗文的兴趣。 2. 能声情并茂地朗诵古诗文。 3. 能写出人物独特的精神风貌。	1. 自定主题，编辑一本诗歌选集，或者制作诗词的书法、绘画作品，在班级分享。 2. 举行班级古诗词配乐朗诵会。 3. 以本单元作者或课文中的人物为写作对象，运用叙议结合的手法写一篇记叙文。要求：能突出人物的个性特征，有自己对人物的理解和评议。	① 有关本单元作者的网络资源； ② 学生作品。

续　表

单元	课程内容	课时	学习目标	学习活动	课程资源
单元复习		2			
期中考试及分析		4	考试时长100分钟,分值100分,考查范围为第一、二、五单元。		
科学文艺作品	《敬畏自然》	2	1. 能说出科学文艺作品的特点。 2. 能理解课文内容和主题;认识人与自然和谐共处的重要性。 3. 能结合语境赏析准确生动的语言。	1. 对比阅读本单元和八年级上学期的说明文,体会科学文艺作品科学性与文学性相结合的特点。 2. 思考质疑,理解课文内容和主题;合作探讨人与自然和谐共处的途径。 3. 结合语境和对比、比喻、拟人等修辞手法,赏析准确生动的语言。 4. 观看视频《鸟的迁徙》,交流观感。	① 八年级上册教材中的说明文; ② 有关罗布泊今昔对比的资料
	《罗布泊,消逝的仙湖》	1			
	《旅鼠之谜》	1			
	《大雁归来》	2			
	《喂,出来》	2			
综合性学习·写作·口语交际		3	1. 能辩证看待科学技术,培养科学精神。 2. 能围绕主题展开辩论,做到有理有据。 3. 能运用多种表达方式比较清楚、生动地介绍事物、说明事理。	1. 举行阅读交流会,推介感兴趣的科学作品或杂志,交流阅读心得;或举办科技展览会,展示班级同学的小发明、小制作、小实验,交流评议。 2. 举行辩论会,探讨科学技术的利弊。 3. 以"生活中的科学"为题,综合运用说明、叙事、描写、议论等表达方式写一篇作文。要求:有正确的科学观;语言简洁明了,有一定的趣味性。	① 有关科技的网络资源; ② 学生作品。
单元复习		1			
民俗文艺作品	《云南的歌会》	2	1. 能鉴赏不同语言表达的效果,体会不同作家独特的语言风格。 2. 能赏析描写事物、塑造人物的艺术手法。 3. 学习有个性地、恰切地表情达意。	1. 联系生活,查阅资料,了解与课文相关的传统节日风俗,理解课文内容。 2. 运用删、改、调序等方式比较不同语言表达的效果,在对比阅读中感受不同作家的语言风格;学习有个性地、恰当地表达。	① 相关图文资料; ② 《汪曾祺经典散文选》(印发《葡萄月令》)、冯骥才《俗世奇人》。
	《端午的鸭蛋》	2			
	《吆喝》	2			
	《春酒》	1			
	《俗世奇人》	1			

单元	课程内容	课时	学习目标	学习活动	课程资源
				3. 赏析多角度描写事物、塑造人物的手法，并有意识地在作文中尝试运用。 4. 阅读汪曾祺、冯骥才的相关作品。	
综合性学习·写作·口语交际		3	1. 能对社会现象有所思考并提出合理见解。 2. 能根据表情达意的需要选用适当的表达方式，学习细节描写和场面描写。 3. 培养关怀社会文化、理性传承文明的意识。	1. 以"留住传统节日"为主题召开班会，探讨如何在新的背景下传承、发展传统文化；或举办"谁不说俺家乡好"演讲活动。 2. 以"家乡的_____节"为题，写一篇记叙文。要求：综合运用记叙、描写、抒情等表达方式，表达对节日习俗的喜爱之情或理性思考，有细节描写或场面描写。	① 与传统节日、民俗风情相关的网络资源； ② 学生作品。
单元复习		2			
古诗文	《小石潭记》	2	1. 能根据语境和生活经验揣摩诗文大意。 2. 能赏析古人的语言艺术和情景交融的写作手法。 3. 树立正确的人生观和价值观，培养热爱自然、亲近自然的情感。	1. 先独立理解诗文大意，然后查看工具书和注释，修正误解。 2. 通过反复诵读，准确背默课文；积累常见文言词语。 3. 研读文本、思考交流，了解游记寓情于景的特点，理解、评价作品的思想内容。 4. 运用圈点勾画、点评批注等方法，赏析写景、叙事、议论的艺术。	① 古汉语词典； ② 朗读录音； ③ 视频《唐之韵》之"边塞诗人"、"诗仙李白"、"诗圣杜甫"等专题。
	《岳阳楼记》	3			
	《醉翁亭记》	3			
	《满井游记》	2			
	《诗五首》	3			

续　表

单元	课程内容	课时	学习目标	学习活动	课程资源
综合性学习·写作·口语交际		3	1. 能感受自然之美,并用适当的方式展示。 2. 讲述见闻,能做到内容具体,语言生动。 3. 学会写简单的游记。	1. 策划一次近郊游或远足活动,观察、记录见闻,做成 PPT,在课堂上交流分享。 2. 制作一段"无限风光在家乡"的广告片,在班级展示分享。 3. 写一篇游记,要求:突出风光特点;写景、叙事、抒情和议论相结合。	① 网络资源; ② 学生作品。
单元复习		2			
期末考试及分析		4	考试时长 120 分钟,分值 120 分,考查范围为整册教材,略侧重于三、四、六单元。		

评价

一、评价方式

1. 过程评价(30 分)

(1) 课堂学习状态(10 分)。根据课堂听、说、读、写、互动合作等表现是否积极、效果是否良好分为四个等级,A 等级 8~10 分,B 等级 5~7 分,C 等级 3~4 分,D 等级(1~2)分。评价主体为学生本人、小组成员、教师。评价量表由师生共同制订,张贴于班级教室内。

(2) 作业完成情况(10 分)。根据上交是否及时、书写是否认真、正确率是否高(表现性作业是否质量高、有创意)、有无抄袭现象分四个等级,等级及赋分同1。评价主体为小组长、课代表、教师。评价量表由师生共同制订,张贴于班级教室内。

(3) 单元检测及期中测试(10 分)。评价主体为教师,折算方案由师生共同商定。

2. 期末考试(70分)

计分方法为原始得分÷120×100×70％,换算之后的得分计入本学科学期量化分。

3. 学期语文学业总评(100分)

总评成绩＝过程评价成绩＋期末考试成绩。

二、评价结果处理

总评成绩85分及以上为优秀,75～84分为良好,65～74分为达标,55～64为准达标,54分以下为未达标。未达标者在新学期开学补考。

根据学生学期语文学业总评结果,教师给予针对性的评语及改进建议,学生作品、评价结果、教师建议等放入学生语文学习成长记录袋,便于学生及家长了解学业成长情况。

教案 12:端午的鸭蛋

教材来源: 初中八年级《语文(下册)》教科书/
人民教育出版社 2009 年版

内容来源: 初中八年级《语文(下册)》第四单元

主　　题: 端午的鸭蛋

课　　时: 1 课时

授课对象: 八年级学生

设 计 者: 刘惠臻/郑州市教育局教学研究室

　　　　　王　燕/郑州市教育局教学研究室

　　　　李宝虹/郑州市第五十一中学

目标确定的依据

1. 课程标准相关要求

(1)理清思路,理解、分析主要内容,体味和推敲重要词句在语言环境中的意义和作用,品味作品中富于表现力的语言。(2)对课文的内容和表达有自己的心得,能提出自己的看法,并能运用合作的方式,共同探讨、分析、解决疑难问题。(3)有自己的情感体验,初步领悟作品的内涵,从中获得对自然、社会、人生的有益启示。对作品中感人的情境和形象,能说出自己的体验。

2. 教材分析

《端午的鸭蛋》是一幅端午民俗风情画,一篇风格闲散自由的散文,属于本单元的精读篇目,内容理解难度不大,但文章结构较为特殊,不易为学生接受。在传统的民俗文化渐渐淡出现实生活的背景之下学习这篇文章,有助于唤起学生对传统节日风俗的兴趣。

3. 学情分析

八年级学生阅读积累尚少,生活阅历较浅,不易欣赏汪曾祺闲适自由、淡而有味的散文风格;端午节的民俗意义、文化内涵,对学生来说也比较生疏。因此,要有针对性地创设教学情境,引导学生调动自身的生活体验。

目标

1. 通过浏览、默读,能概括高邮鸭蛋的主要特点及围绕鸭蛋发生的趣事,说出文中表现的生活情趣和蕴含的思想情感。
2. 反复朗读文中精彩的语句,读出其中的情味;以批注的方式赏析富有情趣的语言,总结品味鉴赏语言的方法。
3. 通过仔细研读文本和交流研讨,鉴赏评议本文闲适自由的散文风格。

评价任务

1. 针对目标1,设计三个问题,让学生概括端午鸭蛋的特点及围绕鸭蛋写了哪些事情,并联系自己的生活谈感受,以此检测其概括课文主要内容、理解课文思想内涵的能力。
2. 针对目标2,设计三个活动,让学生展示精彩语句语段的朗读和批注,比较相近表达的不同效果,总结本文的语言特点和语言鉴赏方法;设计一项课后作业,让学生用批注法赏析汪曾祺散文《葡萄月令》中精妙传神的语言,以此检测其品读、赏析语言的能力。

3. 针对目标3,设计一个问题,让学生探讨开头段和结尾段与文章主要内容的联系,检测其鉴赏评价散文作品写作风格的能力。

教学过程

环节一:师生共话端午节,引入新课。

师生一起聊一聊"我印象中的端午节",由此引出汪曾祺笔下的端午节和端午节的鸭蛋。

环节二:自读课文,了解主要内容。

问题一:让作者几十年后仍念念不忘的高邮咸鸭蛋有什么特别之处? 请依据课文简要概括。(评价学生定向搜寻信息并加以整合、概括的能力)

活动:学生快速浏览课文第二段,动笔圈画,独立概括。

问题二:围绕端午的鸭蛋,作者写了哪些有趣的事情? 你能从这些趣事中感受到什么? (评价学生概括主要内容、把握文本思想内涵的能力)

活动:学生默读4~6段,先独立思考问题,然后小组交流。如学生理解不够深入,教师可引导其细读文本,想象情境,用心体会。

问题三:寻常的咸鸭蛋竟能引起孩子们浓厚的兴趣,给作者带来如此难忘的欢乐。生活中可有什么寻常的事物给你带来过这样的兴趣和欢乐? (引导学生反观生活,学会发现日常生活中蕴含的无穷乐趣)

活动:回想生活。若有与作者类似的体验就谈一谈;若没有就想一想为什么并与同学讨论原因。老师联系《童趣》引导学生发现:用心体察生活,才能发现寻常生活中的乐趣和诗意。

环节三:品味鉴赏语言,感受语言风格,学习鉴赏方法

活动一:品读、批注。选出自己觉得最生动传神或富有情趣的语句、段落,反复朗读,做到流畅自然,语气语调能恰当表现作者的情感,学生根据朗读要求互评、改进。用批注的方法赏析所选精彩语句或语段的妙处。(评价朗读和鉴赏能力)

活动二:老师提供三组句子,请学生自愿"认领"(条件是已认真批注了)其中的一句,然后展示朗读和批注,班级共享、点评,老师及时反馈点评,提升学生的认知水平,引导学生优化批注。(评价朗读和鉴赏能力)

第一组句子:

① "我在北京吃的咸鸭蛋,蛋黄是浅黄的,这叫什么咸鸭蛋呢!"

② 高邮咸蛋的特点,是质细而油多。蛋白柔嫩,不似别处的发干、发粉,入口如嚼石灰。油多尤为别处所不及。

第二组句子:

① 筷子头一扎下去,红油就流出来了。

② 筷子头一扎下去,吱——红油就冒出来了。

第三组句子:

① 不过高邮的咸鸭蛋,确实是好,我走的地方不少,所食鸭蛋多矣,但和我家乡的完全不能相比!曾经沧海难为水,他乡咸鸭蛋,我实在瞧不上。

② 不过高邮的咸鸭蛋,确实是好,我走的地方不少,吃过的鸭蛋也多,但和我家乡的完全不能相比!吃过自己家乡的咸鸭蛋之后,他乡咸鸭蛋,我实在瞧不上。

活动三:想一想,为什么这样分组? 学生讨论、比较各组句子,概括本文语言特点,发现语言鉴赏方法。师生一起总结:

(1) 鉴赏语言的角度和常用方法:修辞手法、词语运用、整体风格。

(2) 好的语言不一定是优美华丽的,而是能最精准地表情达意的。

环节四:研读文本,评议课文结构。

问题:文章标题是"端午的鸭蛋",第一段却用大量笔墨描写家乡端午的风俗,结尾段又写到"囊萤映雪"的故事,你认为这样合适吗? 为什么? 请结合课文内容谈谈自己的看法。

活动:学生研读文本,看看能否找到支持观点的依据;然后小组交流,探讨。老师提示散文形散神聚的特点,提醒学生关注细节,如"小时读……还不如用鸭蛋壳来装萤火虫"等,思考各部分之间的内在联系。师生一起总结问题解决过程中的收获:

(1) 第一段写端午风俗,趣味盎然,既能自然引出"咸鸭蛋",又充实了文章内容,丰富了文章主题:津津乐道于端午风俗,是对故乡和儿时生活的怀念,也是对家乡传统节日文化的眷恋。最后一段写"囊萤映雪"的故事,表现小时候觉得车胤"囊萤"远不如自己用鸭蛋壳装萤火虫来得高明时的得意,也不是闲笔。汪曾祺说:"我倒……喜欢那种如云如水,东一句西一句的,既叫人不好捉摸,又不脱离人世生活的意识流的散文。生活本身是散散漫漫的。"他又说"我不赞成什么内容都可以写进散文里去,什么文章都可以叫做散文"。汪曾祺这篇散文很能体现"形散神聚"这一特点,而闲适自由、淡而有味也正是他的艺术追求。

(2) 阅读文本可以见仁见智,但必须从文本出发,持论有理有据。

(3) 阅读文学作品要读得精细一些,留心细节,才能读出微妙之处。

附:

所需条件:多媒体设备,教师自制 PPT;打印汪曾祺散文《葡萄月令》,人手一份。

作业设计(课后使用):阅读汪曾祺散文《葡萄月令》,用批注法从修辞手法、词语运用、整体风格等角度赏析其语言。

13   英语（五年级上册）课程纲要

课程名称：英语

课程类型：必修

教材来源：人民教育出版社 2003 年版

适用年级：小学五年级

课　　时：54 课时

设 计 者：武新英/郑州市教育局教学研究室

　　　　　　张　勇/新郑市教体局基础教育教

　　　　　　研室

背景

与四年级教材相比，本册教材提出了书写对话的要求；词汇量增大，复现率较高；文本篇幅加长。

五年级学生至少具备了两年的英语学习基础，已经能够听懂简单指令，如 Open the books；能与同伴交流简单个人信息，如 I have a pen；能较熟练读出文本单句；能写出四会词汇和单句。

目标

1. 借助卡片、录音或多媒体资源，能听出、会说、正确朗读认读、规范书写四会单词、短语,并能按拼读规则等策略记忆词汇,能用所学词汇组词组句。

2. 借助图片、录音或多媒体资源,能听懂并正确朗读会话。

3. 借助录音或多媒体资源,结合语境,使用话题句型,能就有关人物性格和外貌、课程名称、食物名称、日常家务劳动、家具名称及方位、自然公园景观等六个话题进行简单交流。

4. 借助图片或多媒体资源,能听懂与单元话题相关的 6 个故事。

5. 借助网络资源或课外读物,了解人物称呼、重大节日等简单的中西方文化知识。

内容

单元	题目	话题	课时
		分享本学期《课程纲要》	1
Unit 1	My new teachers	appearance, character	7
Unit 2	My days of the week	subjects, weekend activities	7
Unit 3	What's your favorite food?	food and drinks	7
Recycle1	1～3 单元	整合、复习和期中考试	3
Unit 4	What can you do?	housework	7
Unit 5	My new room	room, furniture	7
Unit 6	In a nature park	nature	7
Recycle2	4～6 单元	整合、复习	3
总复习	1～6 单元	复习	5
考试		期末考试	

实施

一、课程资源

学习材料:教材、活动手册;

工具材料:录音机和教学磁带、卡片、头饰等。

网络资源:郑州"优教班班通——数字教育资源公共服务平台"。

网址:http://ha.czbanbantong.com。

二、教学活动

1. 词汇教学(A、B 板块中 Let's learn)

(1) 利用卡片等教学资源呈现单词;

(2) 跟录音仿读、自读等多种形式认读;

(3) 组词造句、交际运用等。

2. 对话教学(A、B 板块中 Let's talk)

(1) 创设语境呈现对话;

(2) 跟录音仿读、自读;

(3) 操练;

(4) 结合语境交际应用。

3. 阅读教学(A、B 板块中 Let's read/Read and write)

(1) 阅读文本,回答问题或提取主旨;

(2) 跟录音仿读、自读;

(3) 用自己的语言描述文本内容等;

(4) 仿照文本进行 3~5 句话的表达。

4. 其他板块教学

每个单元中 Let's start 穿插在 A、B 教学中进行。

C 板块中 Story time 作为阅读文本处理,可朗读、可表演。

对 C 板块中 Good to Know 中涉及的西方文化知识,要求有所认识和了解。

评价

学期评价成绩以百分制呈现。由两部分组成,即过程评价成绩(30％)和期末考试成绩(70％)。

一、过程评价

过程评价:口语表达(20分);书面作业表现(10分)。
以上表现标准均由教师把握。

二、期末考试

期末考试主要以纸笔测试为主,听力部分和笔试部分比例为 4∶6,满分 100 分,按70％计入学期评价成绩。

三、结果处理

学期评价成绩 60 分以上为合格,不足 60 分为不合格。成绩不合格可以申请补考,补考安排在下学期开学第一周。

教案 13：Unit 1　My New Teachers

教材来源： 小学五年级《英语》教科书/人民教育出版社 2003 版

内容来源： 小学五年级《英语(上册)》第一单元

主　　题： My New Teachers

课　　时： 共 6 课时,第 1 课时

授课对象： 五年级学生

设 计 者： 武新英/郑州市教育局教学研究室

张　勇/新郑市教体局基础教育教研室

目标确定的依据

1. 课程标准相关要求

能在图片、图像、手势的帮助下,听懂课堂活动中简单的提问;能认读所学词语。敢于开口,表达中不怕出错;积极参与各种课堂学习活动,与其他同学积极配合和合作;在词语与相应事物间建立联想,在学习中集中注意力。

2. 教材和学情分析

这是本单元第一课时。四年级教材已出现过对人物外貌进行描述的单句,如:He's tall and strong,本节课教学内容增加了对性格的描述,学生要学会描述性格的词汇和其他描述外貌的词汇,以及用对话形式描述人物,其中"What's he like?"的表达可能是口语交际中的障碍。

目标

1. 借助图片和录音,能正确听辨、认读 tall, short, thin, strong, old, young, kind, funny,做到发音准确,元音清晰。
2. 借助教师板书示范,能写出以上 8 个单词,做到拼写正确、书写规范。
3. 借助提示词和主句型,能对人物特征进行对话式描述,用词准确、表达完整、流畅。

评价任务

1. 借助卡片,指认听到的单词;认读卡片上的单词。(检测目标 1 的达成情况)
2. 出示人物图片,让学生选择 8 个词汇中与其特征相匹配的单词进行描述和书写。(检测目标 2 的达成情况)
3. 重复使用人物图片,让 4~6 个同桌或小组用所学词汇和主句型对人物特征进行描述。(检测目标 3 的达成情况)

教学过程

Step I Revision

出示一幅强壮人物图片,说:Look at him. He is tall and strong.

出示一幅纤细人物图片,说:Look at her. She is thin.

Step II   Presentation

1. 识词

(1) 学习 tall/short/thin/strong

人物图片引入单词 tall 和 short, thin 和 strong;

→教师板书单词于四线三格内,学生书空;

→播放录音,学生跟读、自读;教师提名请学生范读,要求读准元音发音;

→对学生说 I'm your English teacher. I'm tall. Who's your art teacher? What's she like? 教学生尝试描述一位老师的特征。

(2) 学习 old/young

出示老人和年轻人的图片引入单词 old 和 young。

→教师板书单词于四线三格内,学生书空;

→播放录音,学生跟读、自读;教师提名请学生范读或"开火车读",要求读准元音发音;

→询问家庭成员,让学生描述其特征。

(3) 学习 kind 和 funny

出示白雪公主的图片引入 kind。T: She is kind.

→出示憨豆先生的图片引入 funny。T: He is funny.

→教师板书,学生书空;

→单词的读音学习(过程同上,读的形式可以多样化);

→让学生描述符合这些特征的人。

2. 读句

播放录音,让学生仿读主句型。

→限时自读,教师提名朗读;

→其他形式朗读。

Step III   Practice

1. 读记训练

按音节领读,教学生正确拼读所学单词,如 fun-ny→funny;

→同桌或小组内能够依据同学特征用所学过的相匹配的词汇形容;

→教师出示单词卡片,提名请一些学生认读,读准元音;

→听力练习(听音选词或听音连线等方式);

→出示 2~3 幅人物图片,让学生选择与其特征相匹配的词汇并书写。

2. 交际运用

重复使用人物图片,让 4~6 个同桌或小组用所学词汇和主句型对人物特征进行描述。

Step IV   Consolidation

创设情境:两名学生互相描述自己的朋友、同学或老师。

要求学生结合情境,使用所学语言进行交际。

Step V   Homework

用今天所学的至少两个词汇对老师进行口头和书面描述。

14 英语(八年级上册)课程纲要

课程名称: 英语

课程类型: 必修

教材来源: 人民教育出版社 2013 年版

适用年级: 初中八年级

课　　时: 90 课时

设 计 者: 丁丽云/郑州市教育局教学研究室

白　华/郑州市第六十九中学

背景

本册内容共十个单元,以谈论假期、人物特征、生活目标等十个话题为依托,涵盖一般过去时、一般将来时、形容词、副词的比较级和最高级等语言知识,关注学生英语综合语言运用能力。十个话题与学生的生活和兴趣密切相关,有利于学生丰富口语表达内容,乐于进行口语交际。教材为学生设计了许多具有交际意义的任务或活动,有利于学生在情境中提高英语学习的兴趣和自信心。

学生已经在七年级下学期第十一、十二单元学习如何运用一般过去时谈论过去的事情,本期第一单元要求在此基础上继续运用一般过去时谈论假期生活,起到对过去时态复习巩固的作用。本期在第六、七单元将学习一般将来时,综合七年级所学的一般现在时和一般过去时,八年级上学期主要要求学生建构起英语表达中对动作描述"过去—现在—将来"的时间概念,为进一步学习英语时态奠定基础。

目标

1. 通过课堂听力练习,能听懂接近自然语速、描述过去事件、未来计划等十个话题的对话,获取与听力内容有关的五个 W、一个 H 信息,逐步提高对关键信息的理解和判断能力。

2. 以角色扮演、小组合作等形式,运用本学期所学交际用语和语言结构,能就假期、自己或他人的经历等话题进行至少五个话轮的交谈,进一步提高口语表达的准确性。

3. 借助注释和教师讲解,阅读娱乐、烹饪、假期等与生活话题相关的文本,能概括文本大意,并获取有关文本的事实性信息,进一步提高阅读、理解、分析能力。

4. 在教师的帮助下或小组讨论的基础上,能独立运用本学期所学的词汇、句型和时态等语言知识就不同话题编写 70 个左右词的小短文,逐步提高书面表达的准确性和条理性。

5. 在日常交际和阅读中,能恰当使用表达"邀请或拒绝"等日常用语,描述中外有关娱乐、饮食等方面的文化差异,开阔视野,丰富思想,提高英语交流的得体性。

内容

课程内容			课时
分享《课程纲要》			1
Unit 1 Where did you go on vacation?	Sections A & B	使用一般过去时描述假期生活	6
		描述过去事件的日记	
		使用一般过去时写日记,描写过去事件	
	Self Check	梳理知识,反馈纠错	2
Unit 2 How often do you exercise?	Sections A & B	某项活动或行为的频率的表达	6
		关于学生业余活动的调查报告,百分比的表达方式	
		调查报告,描述某人的生活方式、饮食习惯及活动频率	
	Self Check	梳理知识,反馈纠错	2

续　表

课程内容			课时
Unit 3 I'm more outgoing than my sister.	Sections A & B	形容词、副词比较级的用法	6
		有关比较不同类型朋友的文章	
		形容词、副词比较级为核心描写熟悉人物的异同	
	Self Check	梳理知识,反馈纠错	2
Unit 4 What's the best movie theater?	Sections A & B	形容词、副词最高级的用法	6
		有关真人秀的文章	
		形容词、副词最高级的运用,描写"最……的地方"	
	Self Check	梳理知识,反馈纠错	2
Unit 5 Do you want to watch a game show?	Sections A & B	表达喜好、对某种事物的看法和制订计划的用语	6
		有关卡通文化的文章	
		电影评论的撰写	
	Self Check	梳理知识,反馈纠错	2
期中语言知识的梳理、测试和反馈纠错			3
Unit 6 I'm going to study computer science.	Sections A & B	使用 be going to 结构表达对未来的打算	6
		有关新年计划的文章,段落大意的概括	
		新年计划的制订	
	Self Check	梳理知识,反馈纠错	2
Unit 7 Will people have robots?	Sections A & B	一般将来时表达对未来预测的用法	6
		预测未来的文章,段落大意的概况	
		一般将来时的运用,对未来生活预测的书面描述	
	Self Check	梳理知识,反馈纠错	2
Unit 8 How do you make a banana milk shake?	Sections A & B	食物的制作过程,可数名词和不可数名词的区分	6
		有关食物制作过程的文章,美国感恩节的介绍	
		自己所喜欢食物制作过程的书面描述	
	Self Check	梳理知识,反馈纠错	2
Unit 9 Can you come to my party?	Sections A & B	礼貌地发出、接受或拒绝邀请的交际用语	6
		有关邀请的文章,事实性信息的提取	
		邀请函的编写(礼貌地拒绝邀请并给出理由)	
	Self Check	梳理知识,反馈纠错	2

续 表

课程内容			课时
Unit 10 If you go to the party, you'll have a great time!	Sections A & B	if引导的条件状语从句描述事件可能的结果	6
		有关忧虑和解决办法的文章及大意的概括	
		提出建议和可能的解决办法的书信	
	Self Check	梳理知识、反馈纠错	2
期末语言知识的梳理、测试和反馈纠错			6

实施

课程资源	教与学的方式
1. 教材 2. 课件 3. 听力磁带 4. 教师自编单元配套习题 5. 优教班班通中的学习资源	使用与教材配套的听力磁带进行听力练习,提高获取关键信息的能力。
	仿照教材对话内容,以角色扮演、小组竞赛或故事接龙等形式就暑假生活、活动频率等单元话题进行口语练习。
	阅读教材文本,根据文本信息回答问题、填写表格、概括大意等。
	运用教材重点单词、短语、句型等语言知识,写日记、调查报告、电影评论、邀请函等各一篇,成绩计入作业。
	小组合作梳理总结本册语言知识要点,利用教师自编单元配套习题和班班通中的学习资源进行检测、反馈、纠错。

评价

一、评价内容

1. 过程评价成绩(30%)

(1) 学生每次的作业情况10%,记录在作业评价本中。

(2) 学生每周的课堂表现10%,记录在教室日志课堂表现评价栏内。

(3) 期中测试成绩10%。

2. 期末考试成绩(70%)

二、作业与课堂表现评价标准

作业(10分)						课堂表现(10分)			
书写工整,页面整洁美观	3分	正确无误	4分	按要求完成,无遗漏	4分	参与课堂活动态度积极	5分	口语流利,表达正确、得体	5分
书写较工整,页面较整洁	2分	少量错误并纠错	2分	晚交或有遗漏	2分	参与课堂活动态度较积极	3分	口语表达基本正确、得体	3分
书写欠工整,页面脏乱	1分	全错	0分	抄袭或不交	0分	参与课堂活动态度不积极	1分	口语表达不连贯	1分

三、学期总评成绩

学期总评成绩 = 过程评价成绩(30分) + 期末考试成绩(70分),总评成绩低于60分的学生需在寒假后参加补考。

教案 14:I'm More Outgoing Than My Sister

教材来源: 初中八年级《英语》教科书/人民教育出版社 2013 年版

内容来源: 八年级《英语(上册)》第三单元

主　题: I'm More Outgoing Than My Sister.

课　时: 共 8 课时,第 1 课时

授课对象: 八年级学生

设 计 者: 丁丽云/郑州市教育局教学研究室

白　华/郑州市第六十九中学

目标确定的依据

1. 课程标准相关要求

课程标准四级目标要求八年级学生能听懂接近自然语速、熟悉话题的简单语段;识别主题,获取主要信息;能引出话题并进行交谈,并能在口语活动中使用正确的语音语调。

2. 教材分析

本单元要求学生能运用形容词、副词比较级的句子结构来谈论人物特征的异

同。Section A 主要学习运用句型 more . . . than 和 as . . . as 描述人物特征的异同。Section B 通过阅读文本进一步熟悉在 Section A 中所学的两个句型,同时运用所学形容词、副词比较级的知识表达对选择朋友类型的看法。

3. 学情分析

学生在小学阶段和七年级学习了一些描述人物特征的形容词和描述动作特征的副词、一般疑问句、动词 have 表示"有"的用法,这些都为顺利学习形容词、副词比较级奠定了知识基础,同时该单元知识的学习为第四单元形容词、副词最高级的学习奠定基础。本课时内容是教材中第一次出现两者比较的概念。在运用时,学生可能会无法识别使用形容词、副词原级和比较级的语境,或在比较级构成规则的使用上出现错误。

目标

1. 通过听力练习,能准确提取材料中使用比较级的形容词和副词。

2. 通过观察所展示的形容词、副词的比较级形式,能说出比较级的构成规则并正确运用。

3. 以角色扮演的形式,结合自身实际编写对话并能以正确的语音、语调运用句型more . . . than和as . . . as结构来描述熟悉人物特征的异同。

评价任务

评价任务	
Assessment 1	以同桌对话的形式运用从听力材料中提取的形容词、副词比较级形式描述课本图片。
Assessment 2	观察所给单词的词形变化并说出比较变形规则。
Assessment 3	小组竞赛,以最快的速度按照比较级构成规则将单词归类。(检验对构成规则的识记及运用)
Assessment 4	同桌合作编写对话并以角色扮演的形式对比所熟悉人物的性格、外貌差。(检测学生是否能够准确运用 more . . . than 和 as . . . as 句型描述人物特征的异同)
Assessment 5	完成单项填空练习。(检测是否掌握形容词、副词比较级的使用方法以及是否能正确区分形容词、副词原级和比较级的语用情境)

教学过程

Step I　Lead-in (3 minutes)

Task 1　Describe the figure drawn on the blackboard with adjectives you have learnt as many as possible to review the words related to personal traits.

Step II　Presentation (7 minutes)

Task 2　Match each word related to personal traits with its opposite.

Task 3　Talk about the picture on P17 with the words related to personal traits.

Step III　Listening and Speaking (10 minutes)

Task 4　Listen to the tape twice and number the pairs of twins in the picture in 1b.

Task 5　Talk about the picture again in pairs to check the answers to listening.

Assessment 1　Check how many students can understand the listening material fully.

Task 6　Listen and complete the chart with the words given, then tell which words are used with -er/ier or more.

Task 7　Observe the words given in the ppt, pay attention to the changes, and speak out the change rules.

Assessment 2　Check how much the students can remember the rules of forming comparative of adjectives.

Assessment 3　Group competition: Change the following words according to the change rules.

Looks/Build				Character		
big	tall	heavy	beautiful	quiet	friendly	good
small	high	fat	ugly	funny	cute	bad
little	long	thin	healthy	calm	clever	well
short	wide	pretty		outgoing	nice	lovely

Step IV　Listening and Oral Practice (15 minutes)

Task 8　Listen again and fill in the boxes with the phrases of how Tina and Tara are different, paying attention to the structures *more ... than* and *as ... as ....*

Task 9　Make conversations on comparison in personal traits in pairs to practice the two structures.

Assessment 4　Check how many students can use the two structures to communicate.

Step V　Summary and Feedback (10 minutes)

Task 10　Summarize what you have learnt in this class.

Task 11　Do the following exercises.

Assessment 5　Check if the students can tell the original degree from the comparative degree and use the comparative correctly.

1. Paul sings better, but Joe runs _____ than Paul.

　　A. fast　　　　　B. faster　　　　　C. slowly　　　　D. more slowly

2. — Why did you take the blue shirt?

　　— I think it is _____ than the black one and it is as cheap as the black one.

　　A. beautiful　　　B. more beautiful　C. expensive　　　D. more expensive

3. Mary is thin. And I think I am as _____ as her. （根据句意填空）

4. Which city is _____ , Beijing or Shanghai? (big)

5. My hair is short. Mary's hair is long. （合并句子）

My hair _____ _____ than _____ .

Step VI   Homework

Make up a dialogue to describe the personal traits of familiar people with *more···than* and *as . . . as . . .* in five turns at least, and act out at the beginning of the next class.

15　思想品德(七年级上册)课程纲要

课程名称: 思想品德

课程类型: 必修

教材来源: 人民教育出版社 2013 年版

适用年级: 初中七年级

课　　时: 36 课时

设 计 者: 李　玮/郑州市第四十七中学

　　　　　　杨仕保/郑州市教育局教学研究室

背景

　　初中阶段开设的《思想品德》,是对小学阶段《品德与生活》、《品德与社会》课程的拓展和延伸,目的在于引导和促进学生思想品德发展。本册教材根据学生身心发展特点和生活空间,以中学生心理健康为关注重点,主要帮助学生适应新的学习生活环境,正确认识自己,过健康、安全、有情趣的生活。

　　七年级学生正处于青春期,这是身心发展的关键时期,人生观和价值观正在初步形成,对于新鲜事物有着强烈的好奇心和求知欲,情绪表现丰富。进入中学后,生活环境发生变化,一些新问题随之而来,如部分学生难以适应初中新环境和学习新特点,对青春期的生理心理变化茫然无措,对生活中一些不良诱惑和侵害缺乏自我防护意识和能力,需要学校、家庭正确引导。

目标

1. 通过教师介绍校情、同学交流学习经验等方式,逐步熟悉初中学习环境,适应初中学习节奏。

2. 通过情境体验,认识自己生命的独特性,感受生命的可贵,增强珍爱生命的意识。

3. 通过阅读教材和开展多元评价活动,了解青少年身心发展的常识,知道认识自我的方法和途径,形成客观、完整的自我概念。

4. 通过案例分析、讨论交流,掌握至少三种调控情绪的方法,保持积极、乐观心态,过富有情趣的生活。

5. 通过参加专题讲座和编写自护手册,认识不良诱惑的危害,学习一些自护、自救常识,提升自我保护意识和能力。

内容

章节及学习内容		课时
前言	分享《课程纲要》	1
第一单元　笑迎新生活	第一课　珍惜新起点	3
	第二课　把握学习新节奏	3
第二单元　认识新自我	第三课　珍爱生命	3
	第四课　欢快的青春节拍	3
	第五课　自我新期待	3
	"青春·生命"主题活动	1
第三单元　过富有情趣的生活	第六课　做情绪的主人	2
	第七课　品味生活	3
第四单元　过健康安全的生活	第八课　学会拒绝	2
	第九课　保护自我	3
	编写《中学生自我防护手册》	1
时政热点专题	2013 年下半年时政热点分析	2
复习与整理		4
期末测试		2

实施

一、课程资源

1. 教材：人教版七年级《思想品德(上册)》。

2. 校本资料：依据课标、学情开发的学案；学校统一编制的《学生成长手册》；教师自拍视频"校园情景剧"。

3. 媒体：电视、网络、报刊等，如中央电视台综合频道和科教频道、中学生读书网、中国新闻漫画网、《中学政史地》、《半月谈》、《中学生时事政治报》。

4. 其他社会资源：优秀模范人物、社区工作人员及警务人员等。

二、学习任务

1. 轮流做"时政值周生"，自主搜集整理本周重大时政新闻，在班级"时政角"展示。

2. 搜集美德人物材料，每个小组以"青春·生命"为主题编写一份手抄报，在全班展示交流。

3. 结合《学生成长手册》，期中和期末两次参与"大家眼中的我"评价活动，并进行总结反思。

4. 以小组为单位，通过网络查阅、访谈、听取讲座等方式搜集资料，制作《中学生自我防护手册》。

评价

评价实行百分制，包括过程性评价和期末测试两部分。

一、过程性评价

	评价指标	评价等级	评价主体
日常学习表现	① 能独立完成课前预习任务； ② 积极参与课堂活动； ③ 按时完成作业并及时订正。	该项满分10分，按照学生综合表现评定等级，共分为三级： A级:8～10分 B级:4～7分 C级:0～3分	教师评价 自我评价
"时政值周生"活动	① 能按时完成搜集任务； ② 搜集的时政应为本周时政大事； ③ 能对时政作简要评述。		教师评价
《中学生自我防护手册》编写活动	① 能积极参加并与同伴合作； ② 能认真搜集并加工材料； ③ 有清晰、完整的成果展示。	每项活动满分5分，按照学生综合性表现划分等级，共分为三级： A级:4～5分 B级:2～3分 C级:0～1分	教师评价 小组评价
"大家眼中的我"评价活动	① 能客观、全面地评价自己和他人； ② 对两次评价有比较、有反思。		教师评价
编写手抄报	① 内容健康，突出主题； ② 字迹工整，语言流畅； ③ 设计新颖，图文并茂。		教师评价 小组评价

二、期末测试

郑州市学业水平测试(开卷笔试)，满分100分。

三、学期总评

1. 课程评价的学期成绩以百分制呈现，过程性评价占30％，期末测试占70％。
2. 最终成绩计入学生综合素质评价。

教案 15：让生命之花绽放

教材来源： 初中七年级《思想品德（上册）》教科书/人民教育出版社 2013 年版

内容来源： 初中七年级《思想品德（上册）》第二单元第三课第三框题

主　　题： 让生命之花绽放

课　　时： 1 课时

授课对象： 七年级学生

设 计 者： 李　玮/郑州市第四十七中学

　　　　　　 杨仕保/郑州市教育局教学研究室

目标确定的依据

1. 课程标准相关要求

珍爱生命,体会生命的价值,认识到实现人生意义应该从日常生活的点滴做起。

2. 学情分析

七年级学生正处于人生观和价值观形成的关键时期,部分青少年对他人、对家庭、对社会缺乏责任感,自伤自残、伤害他人的事件时有发生,需要引导他们正确认识生命,培养积极的生活态度,努力实现人生的意义。

3. 教材分析

本框包括"肯定生命、尊重生命"、"永不放弃生的希望"、"提升生命价值"三目内容,在前两框"世界因生命而精彩"、"生命因独特而绚丽"的基础上,引导学生树立正确的生命态度,是全课的落脚点。

目标

1. 通过填写表格活动,认识到每个人的生命都是有价值的。
2. 通过对具体情境的分析,增强珍爱生命、尊重他人生命的意识。
3. 通过列举先进人物事例,体会生命的真正价值,知道实现人生价值应从生活小事做起。

评价任务

1. 填写表格,然后归纳表格说明的道理。(评价目标 1)
2. 观看情境剧表演,说明应如何正确对待自己和他人的生命。(评价目标 2)
3. 结合先进人物的事例,谈谈自己对生命价值的感想。(评价目标 3)
4. 撰写两条生命箴言。(评价目标 1、2、3)。

教学过程

教学环节	学生活动	教师活动	课堂资源
环节一: "最美妈妈"的感动	观看视频,思考问题。	展示视频材料,提出问题:"'最美妈妈'美在哪里? 她为什么要那么做?"导入新课。	网络视频《"最美妈妈"——吴菊萍》
环节二: 生命存在有价值?	完成评价任务 1:填写表格,总结收获。	设计表格《生命的价值》,指导学生填写并引导学生由此总结出"每个人的生命都是有价值的"。	

续 表

教学环节	学生活动	教师活动	课堂资源
环节三： 珍爱生命需行动	完成评价任务2： 小组表演，阐述原因。	设置马路飙车、搜救地震幸存者等不同情境，分组表演，引导学生对情境中的行为进行评述。	学生表演
环节四： 这样的生命最光彩！	完成评价任务3： 展示资料，感悟总结。	引导学生总结资料中先进人物的共同点，感悟生命的真正意义，并结合自身谈做法。	学生课前搜集的先进人物资料
环节五： 我的生命要绽放……	完成评价任务4： 撰写箴言，班内展示。	对学生的优秀展示成果进行点评。	

附:《生命的价值》

我的价值		他人的价值	
我对父母的价值	(例：我可以为父母带来欢乐，长大后担负赡养父母的义务)	父母的价值	
我对朋友的价值		老师的价值	
我对社会、国家的价值		环卫工的价值	

16 思想品德(八年级上册)课程纲要

课程名称：思想品德

课程类型：必修

教材来源：人民教育出版社 2013 年版

适用年级：初中八年级

课　　时：36 课时

设 计 者：谷永杰/郑州市第二十六中学

　　　　　　杨仕保/郑州市教育局教学研究室

背景

　　思想品德课程以初中学生逐步扩展的生活为基础,以学生成长过程中需要处理的关系为主线。初中学生对不少问题的认识是螺旋式上升的,七年级所学的很多话题如"男女同学交往"、"游戏机的诱惑"为八年级学习奠定了基础。本期教学内容的理解难度不大,关键是要在学习的基础上进行品德践行,做到知、情、意、行统一。

目标

　　1. 通过情境体验、合作交流,逐步掌握与他人交往沟通的技能,学会理解、孝敬父母,践行尊重他人、诚实守信等优秀品质。

2. 通过分组搜集、展示不同国家的独特文化，了解世界文化的多样性和丰富性，尊重本国的文化和习俗，以平等的态度与其他民族、国家的人民友好交往。

3. 通过参加辩论会，了解网络的特征，学会利用网络为自己的学习、生活服务，理性利用互联网等现代媒介参与社会公共生活。

4. 通过参与集体活动，认识正确与处理个人与集体之间的关系，学习参与社会公共生活的方法，逐渐形成敢于竞争、善于合作的个性品质。

内容

单元	学习内容	课时
开学第一课	分享《课程纲要》	1
第一单元　相亲相爱一家人	爱在屋檐下	3
	我与父母交朋友	2
第二单元　师友结伴同行	同侪携手共进	2
	教师伴我成长	2
第三单元　我们的朋友遍天下	多元文化"地球村"	2
	手抄报展示交流	1
	网络交往新空间	2
	辩论会	1
第四单元　交往艺术新思维	友好交往礼为先	2
	合作竞争求双赢	3
	心有他人天地宽	3
	诚信做人到永远	2
	调查结果展示	1
时政专题	时政新闻整理分析	2
时政竞赛	时政新闻	1
复习整理		4
期末测试		2

实施

一、课程资源

1. 义务教育课程标准实验教科书《思想品德》八年级上册,人民教育出版社。

2. 视频、图片、文字等各种文件格式的新闻资料。

来源:网络(新华网、大豫网、时事一点通网站等)、电视(中央电视台新闻频道)、《中学生时事政治报》、《大河报》、《半月谈》等。

3. 河南省博物院。

4. 优秀模范人物的相关资料,比如:全国道德模范人物、感动中国年度人物、感动中原年度人物等。

二、学习活动

1. 班级同学分成新闻播报小组、调查小组、辩论小组,分别完成以下活动:

(1) 搜集、整理时政新闻,每周播报一次,利用课堂前五分钟进行。

(2) 师生共同设计调查问卷,小组进行一次诚信现象调查,合作完成一份调查报告,在班级分享。

(3) 以"网络的利与弊"为辩题,结合本方辩点收集、整理所需资料,开展一次辩论会。

2. 以"世界文化大花园"为主题,全班分为 6 组制作一期手抄报,在班级分享交流。

3. 参加学校组织的参观河南省博物院活动,写一篇不少于 500 字的观后感。

评价

评价实行百分制,包括过程性评价和期末测试两部分。

一、过程性评价（包括以下三部分，每部分 10 分，共 30 分。权重 30%）

1. 小组团队评价(10 分,小组互评)

组别_____成员名称_____成绩_____

评价指标	评价等级		
	优秀(10~9 分)	合格(8~6 分)	需努力(6 分以下)
责任与分享	分工明确,成员积极主动承担自己的责任,能团结合作,主动分享	分工欠明确,成员能承担自己的责任,能团结合作,但欠分享	分工不明确,成员不能很好承担自己的责任,互助合作较差
收集资料	搜集的资料丰富	搜集的资料欠丰富	搜集资料较少
活动成果 (手抄报、调查报告、辩论会总结)	认真完成,质量较高	完成欠认真,质量一般	没有认真完成,质量较差
结果展示	用 PPT 展示,表述清晰,有说服力,受众评价好	用 PPT 展示,表达欠清晰,受众评价较好	无 PPT 展示,介绍不清晰,听众评价略差

2. 参观河南省博物院活动评价(10 分,教师评价＋同伴评价)

(1) 评价指标

① 遵守纪律、文明参观(3 分)

② 积极合作、帮助同伴(3 分)

③ 记录参观内容并有观后感(4 分)

(2) 评价等级:优秀(10~9 分)、合格(8~6 分)、需努力(6 分以下)

3. 学习态度评价(10 分,教师评价)

(1) 评价指标

① 自主预习情况(3 分)

② 课堂学习状态(4 分)

③ 作业完成情况(3 分)

(2) 评价等级:优秀(10～9 分)、合格(8～6 分)、需努力(6 分以下)

二、期末测试(权重 70％)

期末学业水平测试,满分 100 分。

三、学期总评

1. 学期总评分数＝过程性评价成绩＋期末测试成绩×70％

2. 将学期总评分数记入学生综合素质评定手册。

教案 16:难报三春晖

教材来源: 初中八年级《思想品德》教科书/人民教育出版社 2013 年版

内容来源: 初中八年级《思想品德(上册)》第一单元第一课第三框题

主　　题: 难报三春晖

课　　时: 1 课时

授课对象: 八年级学生

设 计 者: 谷永杰/郑州市第二十六中学

　　　　　　杨仕保/郑州市教育局教学研究室

目标确定的依据

1. 课程标准相关要求

(1)养成孝敬父母的品质。(2)逐步掌握交往与沟通的技能。

2. 教材分析

本课是第一单元第一课第三框,前两框内容"我知我家"、"我爱我家",为本框的学习提供了认识和情感铺垫。本框由"爱洒人间"、"孝亲敬长是我们的天职"两目组成,旨在进一步引导学生体会父母为抚养自己付出的辛劳,学会孝敬父母和长辈。同时为学习第二课《我与父母交朋友》、构建和谐亲子关系打下基础。

3. 学情分析

八年级学生生活在家庭中,不少学生受到父母长辈的溺爱,他们常常不知道感恩,不懂得如何孝敬父母。近年来,我校开展了一系列感恩教育活动,学生在孝敬父母方面受到了一些熏陶。

目标

1. 通过情境体验,能够体会父母为抚养自己付出的辛劳。

2. 通过了解模范人物事迹,能够结合教材说明孝敬父母的重要性,增强孝敬父母的意识。

3. 通过同伴交流,知道如何孝敬父母并在日常生活中践行。

评价任务

1. 说出自己对父母养育之恩的感受。(评价目标1)

2. 总结出孝敬父母的重要性。(评价目标2)

3. 归纳出孝敬父母的正确做法。(评价目标3)

4. 设计一个孝敬父母的行动方案。(评价目标1、2、3)

教学过程

学生活动	教师活动	教师评价指导要点
环节1:爱的体验		
观看动画,体会父母养育之恩。	(1) 播放动画:《苹果树的故事》。 (2) 用深情的语气旁白,营造氛围。	认真观看,用心体验。

续 表

学生活动	教师活动	教师评价指导要点
环节 2:爱洒心间		
(1) 回忆父母关爱自己的温馨片段,感受父母的恩情。 (2) 完成评价任务 1。	(1) 请学生回忆父母关爱自己的温馨片段。 (2) 请学生有自己的语言说出对父母养育之恩的感受。	(1) 回忆也可以是完整事件、难忘瞬间。 (2) 回答应有感情,能理解父母的无私付出。
环节 3:美德传承		
(1) 观看视频。 (2) 自主阅读教材后完成评价任务 2。	(1) 播放视频:全国道德模范候选人谢宇慧的事迹。 (2) 提问:我们为什么要孝敬父母?	要从亲情的回报、传统美德、法律义务等角度回答,对容易忽视的法律义务角度,要注意点拨、引导。
环节 4:爱的天职		
(1) 与同伴分享交流自己在日常生活中孝敬父母的表现。 (2) 观看感恩父母四大法则。 (2) 完成评价任务 3。	(1) 提问:在日常生活中,你是如何孝敬父母的? 让学生组内分享。 (2) 展示感恩父母四大法则。 (3) 引导学生全面归纳。	(1) 做法应该具体,比如:分担洗碗、拖地等家务劳动。 (2) 总结要有物质赡养、精神赡养、不愚孝不盲从、孝敬父母的长辈等方面。
环节 5:爱要行动		
(1) 阅读并思考范例。 (2) 完成评价任务 4。	(1) 展示范例,供学生参考。 (2) 学生设计时,巡视指点。	要进行课后追踪,期末上交,并有家长评语。

17　中国历史（八年级下册）课程纲要

课程名称：历史

课程类型：必修

教材来源：人民教育出版社 2006 年第 2 版

适用年级：初中八年级

授课时间：36 课时

设　计　者：袁富强/郑州市教育局教学研究室

　　　　　　郭　伟/郑州市第八中学

背景

中国现代史是中华人民共和国成立以后的历史，是中国共产党领导全国各族人民进行社会主义革命和建设的历史，也是为国家富强和人民幸福而不懈努力的历史。这段历史的学习，是了解基本国情，感知时代变迁，增强爱国主义情感的重要认知过程。

八年级学生已经具备一定的历史基础知识，但是，观察、分析历史现象和历史问题的角度仍较大地囿于课本，对一些抽象名词的理解也存在困难。教师在教学过程中要注重整合、优化教学资源，化繁为简、深入浅出，引发学习兴趣，进而调动学生的学习主动性。

目标

1. 通过小组协作互查,了解中国现代史的重要历史人物、历史事件,简述历史现象和基本线索,认识社会主义现代化建设是一个曲折漫长的过程。

2. 阅读基本的历史文献资料,学会运用历史唯物主义的基本观点和社会调查的基本方法,用所学知识分析和解释历史问题。

3. 概述社会主义建设成就,能从社会的不断进步和发展中体会到坚持中国共产党领导的重要性,逐步形成建设有中国特色社会主义的信念。

内容和实施

课程内容				课时	课程实施
《课程纲要》				1	分享《课程纲要》
社会主义道路的探索	第一单元	中华人民共和国的成立和巩固	中国人民站起来了	1	分组搜集开国大典、抗美援朝和土地改革相关的资料,如《中华人民共和国成立》视频,电影《上甘岭》《暴风骤雨》以及 1947 年和 1950 年的土改政策等。
			最可爱的人	1	
			土地改革	1	
	第二单元	社会主义道路的探索	工业化的起步	1	访问老人,了解有关社会主义改造和"文革"的事实,撰写调查报告,课堂展示交流。
			三大改造	1	
			探索建设社会主义的道路	1	
			"文化大革命"的十年	1	
	第三单元	建设有中国特色社会主义	伟大的历史转折	1	1. 组成十一届三中全会新闻报道和评论小组。 2. 确立学习主题。如:四知篇、消费篇、访谈篇。采取问卷调查、访谈长辈、展示老照片等形式。
			改革开放	1	
			建设有中国特色的社会主义	1	
			社会调研——家乡的昨天和今天	2	
期中测评				2	

续　表

课程内容				课时	课程实施
社会主义建设的成就	第四单元	民族团结与祖国统一	民族团结	1	搜集"台湾是中国领土"的史料和有关海峡两岸交往日益密切的文字、图片资料,制做 PPT 文稿展示交流。
			香港和澳门的回归	1	
			海峡两岸的交往	1	
	第五单元	国防建设与外交成就	钢铁长城	1	分组整合教材中的图片资料、课外资料和相关的影像资料等,说明人民海军、人民空军和导弹部队发展的过程,锻炼获取、收集、处理有效信息的能力。
			独立自主的和平外交	1	
			外交事业的发展	1	
			历史纪实大家谈——新中国的外交	2	
	第六单元	科技教育与文化	科学技术的成就(一)	1	撰写老歌背景介绍和连接词,举办"20 世纪老歌演唱会",评出最佳设计方案、最佳主题词和连接词作者、最佳演唱歌手。
			科学技术的成就(二)	1	
			改革发展中的教育	1	
			百花齐放　推陈出新	1	
			20 世纪歌曲中的"历史"	2	
	第七单元	社会生活	人们生活方式的变化	1	按衣、食、住、行四个方面分组查找相关的文字、图片、实物资料,制作 PPT,讨论改革前后人们在衣、食、住、行方面发生的变化。
			家庭的照片	2	
	期末复习			2	
	期末测评			2	

课程资源

郑州"优教班班通——数字教育资源公共服务平台"(http://ha. czbanbantong. com)

评价

本期课程学习结果以等级制呈现,由过程性评价和终结性评价两部分组成。

一、过程性评价(含学习过程评价、作业评价及期中测评成绩,权重:30%)

1. 学习过程评价(满分 10 分)

(1) 史料搜集研读(5分):认真完成 5 次以上得 5 分;5~3 次得 3 分;不足 3 次得 0 分;

(2) 历史小论文(满分 5 分)

评价指标:论文字数是否达标;格式是否符合要求;能否运用辩证唯物主义和历史唯物主义的观点论述问题;能否围绕主题观点展开论述。

评价等级:A 等 5 分;B 等 3 分;C 等 1 分。

2. 作业评价(满分 10 分)

评价指标:作业是否主动按时上交;是否独立完成;是否及时纠正错题;是否有错因分析并有改正措施。

评价等级:A 等 10 分;B 等 6 分;C 等 4 分。

3. 期中测评成绩:满分 100 分,按 10% 计入。

二、终结性评价(权重:70%)

期末测评成绩:满分 100 分,按 70% 计入。

三、结果处理

学期总评成绩 = 过程性评价成绩(30%) + 期末测评成绩(70%)

总分 80 分及以上为优秀,70~79 分为良好,60~69 分为合格,59 分及以下为不合格。不合格者,可以申请在下学期开学第一周补考。

教案 17:改革开放

教材来源: 初中八年级《中国历史》教科书/人民教育出版社 2006 年第 2 版

内容来源: 初中八年级《中国历史(下册)》第三单元

主　　题: 改革开放

课　　时: 1 课时

授课对象: 八年级学生

设 计 者: 袁富强/郑州市教育局教学研究室

　　　　　　郭　伟/郑州市第八中学

目标确定的依据

1. 课程标准相关要求

　　知道家庭联产承包责任制的主要内容,了解生产关系一定要适应生产力发展需要的原则;以深圳等经济特区的建立为例,探讨经济特区在社会主义现代化建设中的作用和影响;知道国有企业改革的主要内容。

2. 教材分析

本课是八年级《中国历史》的第九课,属于第三单元"建设有中国特色的社会主义"主题单元的第二部分。改革开放是"建设有中国特色的社会主义"探索之路的开端,本课内容包括我国政治、经济、思想方针的重大转变,地位十分重要。

3. 学情分析

学生成长、生活在社会主义现代化建设新时期,对改革开放的发展历程和改革开放前后的社会变化缺乏完整清晰的了解。学习本课,教师要引领学生回顾这一伟大的历程,增强学生对社会主义优越性的感知和体会。

目标

1. 通过阅读课文,在了解历史事实的基础上,说出改革开放的时间、内容和步骤。

2. 通过学习"家庭联产承包责任制"和"国有企业改革",理解生产关系一定要适应生产力的发展要求的原理,学习运用历史唯物主义的观点分析、解读历史问题。

3. 运用《早期对外开放地区示意图》,说明经济特区、沿海开放城市、沿海经济开放区的地理位置,发展读图识图能力。

4. 通过学习公有制经济为主体的多种所有制经济,了解人类社会发展的多样性,学习人类创造的优秀文明成果,逐步形成面向世界、面向未来的时空观念和历史素养。

评价任务

任务1:分组探究问题1、2,找出经济落后、农村改革、国企改革、经济特区等关键词。(检测学习目标1)

任务2:对比人民公社化时期和家庭联产承包后农业发展状况,说一说国企工人日常生活的改善。(检测学习目标2)

任务3:绘制《早期对外开放地区示意图》,标出我国5个经济特区的地理位置。(检测学习目标3)

任务4:写出家庭联产承包责任制、国有企业改革与生产关系的对应关系,归纳生产关系与生产力发展之间的关系。(检测学习目标4)

教学过程

教学环节		教师行为	学生行为
环节一 体验情景 预习思考		引用安徽凤阳花鼓词"凤阳地多不打粮,磙子一住就逃荒,只见凤阳女出嫁,不见新娘进凤阳"。 问题1:花鼓词说明凤阳的什么问题? 问题2:凤阳是否代表了当时农村的普遍状况?	阅读材料,提炼有效信息。从状况、原因等角度认清当时农村改革的必要性和迫切性。学会从史料中提取有效信息,分析历史史实。 (达成学习目标1)
环节二 合作探究 理解知识	一、家庭联产承包责任制	指导学生阅读课文中的正文和小字部分,圈点重点知识,如"家庭联产承包责任制";组织学生进行探究学习。 问题3:家庭联产承包责任制的含义? 问题4:为什么农村实行家庭联产承包责任制后,生产力发展了?	小组合作探究,分组展示探究成果。1、2小组探究问题3;3、4小组探究问题4。 (达成学习目标2部分要求)
环节三 调查实践 展示交流	二、国有企业改革	课前分组,让学生调查、了解国有企业的情况。 引导学生阅读本目正文和小字部分,组织开展探究学习。 问题5:为什么国有企业实行生产经营责任制后,企业、职工的积极性就高了?	小组派出代表,展示调查成果:采访记录或购物票证(如布票、粮票、油票、副食本等)。 (达成学习目标2)
环节四 合作探究 分析归纳	三、经济特区	指导学生观看关于反映深圳对外开放巨大变化的视频和课本上邓小平的题词。 引导学生绘制图并开展探究学习。 问题6:经济特区在社会主义现代化建设中的作用和影响。	绘制《早期对外开放地区示意图》,标出我国5个经济特区的地理位置。分组讨论,组员代表汇报讨论成果。 (达成学习目标3)

教学环节	教师行为	学生行为
环节五 小结新课 延伸升华	引导学生根据所学内容深入思考。 问题 7:以一个改革开放者的身份收集身边农村或城市改革开放的资料,提出进一步改革开放的建议。	以小论文的形式呈现思考结果。 (达成学习目标 4)

18 地理(七年级上册)课程纲要

课程名称：地理

课程类型：必修

教材来源：人民教育出版社 2012 年版

适用年级：初中七年级

课　　时：36 课时

设 计 者：赵丽霞/郑州市教育局教学研究室
　　　　　王祎君/郑州市第七中学

背景

　　本册教材为我们提供了丰富而有趣的"地球与地图"、"世界地理概况"等地理知识，这些内容空间性、地域性、综合性较强，陌生而又抽象。地图是呈现地理知识的载体，如何阅读和使用地图是本学期学习的重点和难点。教材第一部分为我们介绍了地球和地图的基本知识，这些知识是我们将来能否学好地理的关键；第二部分是有关世界地理概况的知识，具体包括海陆分布、世界的气候和世界的居民等，这些知识都会通过各种专题地图来呈现。因此，七年级地理学习的重点不在于记住了多少地理知识，重要的是形成阅读和使用地图的习惯和能力。

目标

1. 通过观察和使用地球仪与地图,掌握地球与地图的基础知识,学会使用地球仪和阅读地图的技能,养成使用地球仪和阅读地图的习惯。

2. 运用地图描述世界海陆分布大势,知道板块构造学说的内容,初步学会运用地理基本概念和地理基本原理,分析地理事物和现象。

3. 阅读各类气候图,能够描述世界气候特点,认识气候对人类的影响,初步形成尊重自然、因地制宜的意识。

4. 阅读地图,知道世界人口与人种、语言与宗教、聚落等的分布状况,通过实例认识不同地域发展水平存在差异,逐步树立全球意识,养成爱护地理环境的行为习惯。

5. 学会利用文字、图像、语言获取地理信息、表达地理信息,掌握简单的地理观察、地理实验、地理调查等基本技能。

内容

单元	学习内容	课时
开学第一课	分享《课程纲要》	1
第一章　地球和地图	第一节　地球和地球仪	4
	第二节　地球的运动	3
	第三节　地图的阅读	3
	读图技能训练与习题讲评	1
第二章　陆地和海洋	第一节　大洲和大洋	1
	第二节　海陆的变迁	2
	读图技能训练与习题讲评	1
期中考试及评析(开卷考试,满分100分,时间60分钟)		2
第三章　天气与气候	第一节　多变的天气	2
	第二节　气温的变化与分布	2
	第三节　降水的变化与分布	2
	第四节　世界的气候	2
	读图技能训练与习题讲评	1

单元	学习内容	课时
第四章　居民与聚落	第一节　人口和人种	2
	第二节　世界的语言和宗教	1
	第三节　人类的居住地——聚落	1
第五章　发展与合作	发展与合作	1
期末复习及考试(开卷考试,满分:100 分,时间:60 分钟)		4

实施

一、课程资源

(1) 教科书、学案。

(2) 第一章要学习地球与地图知识,为了能直观学习,请同学们自备小地球仪。

(3) 地图是学习地理的工具,每节课都要备好地图册,自觉养成阅读地图的习惯。

(4) 地理知识和生活、生产实际密切联系,注意联系自己的生活经历和体验,通过学习地理,提升生活质量。

(5) 校外地理课程资源丰富多样,包括郑州市天文馆、郑州市科技馆、郑州市地质博物馆等,同学们可利用周末或节假日前往参观。

二、学习方式

(1) 结合学案,自主学习,主动交流学习成果。

(2) 利用地图册学习,学会从地图中获取地理信息,用语言描述地理信息。

(3) 创建地理学习小组,合作学习、探究学习、交流展示。

(4) 为了提高动手能力和实践能力,本学期会开展一些地理活动,如制作简易地球仪、画校园平面图、开展小组辩论赛、制作主题手抄报等。

评价

一、过程性评价

1. 评价量表

姓名	自学能力	合作能力	展示	读图习惯	读图方法	地理活动	综合得分

注:地理活动主要是指制作简易地球仪、画校园平面图、开展小组辩论、制作主题手抄报等。

2. 评价方法

由课代表和教师在学习过程中即时评价。每个项目都根据具体情况进行记录"正"字的累积,学期末计算总分。

3. 评价等级

根据班级具体情况,表现最好的、积分最多的同学是 20 分,其他同学计算与满分同学的百分比,给出具体的参考分数,确定等级。

分类	分数	等级
A 级	18～20	优秀
B 级	17～15	良好
C 级	14～10	合格
D 级	10 以下	有待提高

二、期末考试

期末考试采用开卷考试,允许带地图册和教材,但禁止交流。期末考试成绩按实得分的 80% 计入学期总评。

三、学期总评

(1) 过程性评价占总评的 20%,期末考试成绩占总评的 80%,算出总分。

(2) 总分为 85 分及以上的为优秀,70~84 分的为良好,60~69 分为合格,60 以下的为不合格。学期总评不合格的可按学校规定申请补考。

教案 18：气温的变化与分布

教材来源：初中七年级《地理》教科书/人民教育出版社 2012 年版

内容来源：七年级《地理(上册)》第三章

主　　题：气温的变化与分布

课时安排：共 2 课时，第 2 课时

授课对象：七年级学生

设 计 者：赵丽霞/郑州市教育局教学研究室

　　　　　　王祎君/郑州市第七中学

目标确定的依据

1. 课程标准相关要求

阅读世界年平均气温分布图和 1 月、7 月气温分布图，归纳世界气温分布特点。

2. 教材分析

气温的变化和分布是气候的核心知识，是七年级上册学习的重点和难点，这些知识通过等温线图来呈现。本节共 2 课时，第 1 课时的主题是气温的变化和观测，第 2 课时的主题是气温的分布。教材提供了多幅等温线图，文字叙述较少，要求学

生能够通过阅读等温线图,归纳世界气温的分布特点。所以,在教学设计上应以读图技能训练和读图获取信息方法训练为主线;学生通过多种活动阅读等温线图,获取气温分布特征,并学以致用。

3. 学情分析

等温线作为等值线的一种,是七年级学生学习的难点。前面虽然已学过等高线的判读,但是学生对等温线图依然非常陌生。所以在前备知识的基础上,引导并教会学生阅读等温线图,获取气温分布特点的知识,并学以致用,是本课时教学的重点和难点。

目标

1. 阅读等温线模型图,在老师的引导下,总结等温线判读的方法。
2. 阅读世界年平均气温分布图,描述世界气温分布特点。
3. 阅读世界 1 月、7 月平均气温分布图及气温随海拔高低而改变的变化图,说出世界 1 月、7 月气温分布特点。
4. 运用世界年平均气温分布图、世界 1 月、7 月气温分布图、气温的垂直变化图,通过寻找夏季避暑胜地和冬季温暖的度假胜地,初步学会运用地理知识解决实际问题。

评价任务

1. 在等温线模型图旁,写出等温线的判读方法。
2. 在世界年平均气温分布图旁,写出世界气温分布特点。
3. 在世界 1 月、7 月气温分布图旁,写出世界 1 月、7 月气温分布特点;阅读气温随海拔高低而改变的变化图,说一说气温与海拔的关系。
4. 开展"寻找夏季避暑胜地和冬季温暖的度假胜地活动"学习活动,交流展示学习成果。

教学过程

环节一：新课导入

由学生对当天气温的感知，以及我国夏季高温预警的视频和气温分布图导入，提出问题：如何从等温线图上看出世界各地气温分布情况？

环节二：自主学习

阅读地图，结合教材，在老师的引导下，完成下列问题。

提示：可以同桌讨论，把结论写在相应的地图旁边。学习结束后，展示学习成果。

1. 阅读等温线模型图，说出等温线的判读方法。

展示预设：看等温线的延伸方向和数值大小；看等温线的弯曲方向；看等温线的闭合状况等。
【达成学习目标1】

2. 阅读世界年平均气温分布图，描述世界气温分布特点。

展示预设：等温线方向大致和纬线一致，说明世界气温从低纬度向高纬度逐渐降低。
【达成学习目标2】

3. 阅读世界1月、7月气温分布图，分别说出世界1月、7月气温分布特点。

展示预设：

1月：同纬度沿海地区气温高，内陆气温低。

7月：同纬度沿海地区气温低，内陆气温高。
【达成学习目标3】

4. 阅读气温随海拔高低而改变的变化图，说出气温与海拔的关系。

展示预设：随着海拔升高，气温逐渐降低，海拔越高，气温越低。
【达成学习目标3】

环节三：学以致用

小组合作，运用世界年平均气温分布图、世界1月、7月气温分布图、气温的垂直变化图，寻找夏季避暑胜地和冬季温暖的度假胜地。

提示：全班分成夏季"北上"组、"登山"组、"海滨"组和冬季组四个学习小组，合作学习。学习结束后，派代表展示学习成果。要求正确选择并使用地图，得出结论，说出理由。

展示预设：

夏季"北上"组：运用世界 7 月气温分布图,说明夏季选择到高纬度地区避暑的原因。

夏季"登山"组：运用气温随海拔的变化图,说明夏季选择到山区避暑的原因。

夏季"海滨"组：运用世界 7 月气温分布图,说明夏季选择到海滨避暑的原因。

冬季组：运用世界 1 月气温分布图,说明冬季到低纬度的沿海地区度假的原因。

【达成学习目标 4】

环节四：知识梳理

在学案的相应位置,写出等温线的判读方法,归纳世界气温分布特点。

环节五：知识巩固

1. 读世界 1 月、7 月气温分布图,描述世界 1 月、7 月气温分布特点。

【考查学习目标 1、2、3】

2. 解释："候鸟"老人,乐在天涯。　　　　　【考查学习目标 4】

3. 读某地区等高线地形图,判断不同海拔地区的温度。　【考查学习目标 3】

19　体育与健康(七年级下期)课程纲要

课程名称:体育与健康

课程类型:必修

材料来源:人民教育出版社 2012 年版

适用年级:初中七年级

课　　时:54 课时

设 计 者:朱　煦/郑州市教育局教学研究室

背景

本学期课程内容涉及体育与健康教学内容的各个领域,课程内容根据天气及项目难易程度依次分为六个单元进行教学。七年级学生体育活动参与积极性较高,对运动项目充满好奇,初步具备了体育锻炼的能力和习惯,但运动技能学习缺乏系统性,体育与健康方面的知识、技能和方法认知水平有待提高,因此课程实施要关注学习内容的前后连续性,以利于初步形成健康生活的意识和认知各运动项目的内在规律。

目标

1. 通过理论课学习和交流,了解合理膳食与健康的关系,初步掌握卫生防病的知识和方法,初步形成体育锻炼的习惯。

2. 通过观看体育赛事了解体育比赛中的现象与问题,通过对球类、体操、武术项目的学习初步掌握运动技术,提高体育锻炼和安全运动的能力。

3. 通过运动项目练习,增强灵敏性、速度、力量、柔韧度、心肺耐力,提高健身能力。

4. 通过对具备一定难度技术动作的学习,形成坚定果断的意志品质和敢于积极面对挫折和失败的正确态度;通过集体练习或教学比赛,树立合作意识和集体荣誉感。

内容

单元	板块	内容	课时
		分享《课程纲要》	1
第一单元	体育与健康理论知识	合理膳食 促进健康	3
		常见传染病的预防	
		勇敢面对挫折和困难	
第二单元	排球	正面双手垫球	12
		正面双手头上传球	
		侧面下手发球	
第三单元	乒乓球	握拍的方法	6
		正手发球和反手攻球技术	
	期中考试	耐力测试	4
		技能测试	
第四单元	体操	技巧	9
		支撑跳跃	
第五单元	武术	长拳	6
第六单元	学校特色项目	毽球	5
		花样跳绳	4
	期末评价	力量测试	4
		技能测试	

实施

1. 第一单元"体育与健康理论知识"的学习将根据天气情况,在学期教学中灵活安排。其它单元的学习,学生需要根据天气和项目特点,穿着合适的运动服和运动鞋。

2. 身体素质和队列队形练习,以课课练的形式穿插在学期每节课中。

3. 体操项目中"支撑跳跃"内容的学习,因为男、女生所学的技术动作不同(男生是横箱分腿腾越,女生是横箱屈腿腾越),将进行分组学习。

4. 充分利用郑州市"优教班班通——数字教育资源公共服务平台"(http://ha. czbanbantong. com)等课程资源,通过观看运动项目教学视频,自主学习本学期课程内容。

5. 通过观看体育赛事,了解各项目的基本特点及比赛规则。

评价

学期成绩以百分制呈现,由两部分组成:过程性评价(40 分)、终结性评价(60分)。

一、过程性评价

过程性评价成绩(40 分) = 课堂表现(20 分) + 课后锻炼情况(10 分) + 过程测试成绩(10 分)

评价内容		评价方式和标准	等 级
课堂表现	出勤率(10 分)	考勤记录	上课出勤修满 54 课时者得 10 分;修习超过 36 课时但不满 54 课时者得 7 分;修习不足 36 课时但超过 18 课时者得 4 分;不满 18 课时者不得分。
	学习态度(10 分)	课前准备(着装 1 分、预习 1 分)	优秀(10 分);良好(8~9 分);合格(6~7 分);不合格(6 分以下)。
		课堂学习状态(积极主动回答问题 2分、及时提问解决疑难问题 2 分、帮助同学学习 2 分)	
		练习表现(按要求完成技术 1 分、勇于展示技术动作 1 分)	

续 表

评价内容	评价方式和标准	等 级
课后锻炼情况	课后锻炼的次数(4分)	优秀(10分);良好(8～9分);合格(6～7分);不合格(6分以下)
	锻炼的态度(3分)	
	锻炼方法(3分)	
过程测试成绩	单元测试(5分)	参考《国家学生体质健康标准》的测试方法和标准
	期中考试成绩(5分)	

二、终结性评价

本学期考试内容由身体素质和技能项目两部分组成,身体素质练习重点突出耐力素质和力量素质,技能练习重点突出排球和体操两个项目。

终结性评价成绩(60分)=体能成绩(30分)+技能成绩(30分)。评价标准参考《国家学生体质健康标准》中的测试标准。

三、学期成绩

学期成绩=过程性评价成绩+终结性评价成绩。

附:相关课程目标的评价要点和评价方式

评价内容及要点		评价方式
知识	体育与健康理论知识	课堂上的随机提问、即时评价
技能	根据本学期所学的运动项目的内在规律评价技术动作的质量	1. 参考《国家学生体质健康标准》的测试方法和标准。 2. 定量和定性相结合的方式。
体能	心肺耐力、力量、柔韧性、身体成分、速度、灵敏性	参考《国家学生体质健康标准》的测试方法和标准。
情感态度	在体育活动中果断作出决策行为的表现	1. 以师评为主,自评和互评为辅。 2. 课堂上的随机提问、即时评价。
	应对挫折或失败的情绪和行为表现	
	在集体性体育活动中处理个人与集体关系的表现	
	平时在体育活动和比赛中的道德表现	

教案 19:支撑跳跃——横箱分腿腾越

> **材料来源:**七年级《体育与健康》教科书,人民教育出版社 2012 年版
>
> **内容来源:**七年级《体育与健康(下期)》第四单元
>
> **主　　题:**体操支撑跳跃
>
> **课　　时:**共 5 课时,第 3 课时
>
> **授课对象:**七年级男生
>
> **设 计 者:**朱　煦/郑州市教育局教学研究室

目标确定的依据

1. 课程标准相关要求

能够克服心理恐惧,初步掌握支撑跳跃——横箱分腿腾越的技术要领,学会帮助与保护,增强安全运动意识和能力,发展体能和健身能力。

2. 教材分析

支撑跳跃是利用手撑推器械后,空中展现不同身体姿态并腾越一定高度的运动。支撑跳跃中的横箱分腿腾越是一项传统的男生技能,具有一定的危险性,不过

体操单元对学生是一种挑战,往往可以激发学生学习的欲望,学习的兴趣会更高。学生在小学阶段已经学习了山羊分腿腾越,其技术特点和横箱分腿腾越有相通之处,在此基础之上相信学生能较快掌握该技术。

3. 学情分析

七年级的学生好奇心强,具有挑战新、难动作的欲望,也具备了学习横箱分腿腾越动作的身体条件。在学习过程中,不排除个别学生存在畏难心理,需通过教师和同伴的鼓励、帮助和保护,适当降低动作难度练习,使其体验成功的乐趣。

目标

1. 通过语言表述知道分腿腾越连贯动作的要点;至少85%以上的同学初步掌握横箱分腿腾越动作技术;学会同伴之间保护、帮助和自我保护,提高安全防范意识。

2. 通过课课练,练习上下肢、肩带和腰腹力量,提高身体灵敏和协调能力。

3. 通过自主选择跳箱高度,开展小组合作练习,克服心理障碍,形成积极应对挫折和挑战的意志品质以及团结合作的精神。

评价任务

1. 说出横箱分腿腾越动作技术和帮助保护的要点,两人一组合作探究学习腾越不同高度的横箱。

评价要点:能正确说出动作名称及技术要点、帮助和保护的时机和部位。技术要点是单踏双落起跳快,顶肩提臀分腿直,推手快速臂上举,落地屈膝要缓冲。

2. 20人一组在30秒内完成钻隧道游戏。

评价要点:遵守游戏规则,动作协调正确,能够积极快速完成爬行,安全意识强。

3. 5人一小组观察学生跳箱时的表情和跳箱次数,组内反馈。

评价要点:练习跳箱时积极主动,自主完成6次以上合格,10次以上优秀。跳箱时能主动帮助保护同伴,交流体会。

教学过程

结构	学习内容	指导与练习	组织形式与过程评价	次数
导入与热身（8~10分钟）	一、课堂常规 教师宣布本课内容： 1. 分腿腾越横箱； 2. 素质练习。 二、热身练习 慢跑，模仿象行、海豹行，直腿足尖步走。 三、双人徒手操 活动踝腕→压肩→并腿坐位体前屈→分腿坐位体前屈。 四、辅助练习 1. 俯撑→俯撑分腿立撑→推手挺身跳起→落地缓冲→站立两臂斜上举。 2. 分腿跳（分腿大而直）→助跑踏跳、分腿跳（单踏双落）。	1. 体育委员整队，报告人数。 2. 师生问好。 3. 教师检查服装，安排见习生。 4. 教师宣布本课内容，鼓励学生要勇敢地越过障碍。 1. 教师讲慢跑的方法与要求后，口令引导学生统一练习。 2. 不断提示个别动作要领。 3. 语言提示学生调整呼吸。 1. 教师语言引导，提示练习三、练习四的动作要求。 2. 学生两人一组结伴练习。 3. 教师注意观察，提示个别动作。	集合整队组织形式：四列横队。 评价方式：语言表述。 评价要点：快、静、齐，精神饱满。 练习二组织形式：学生成一路纵队绕器材慢跑。 评价方式：语言表述。 评价要点：精神饱满，动作正确。 练习三和练习四队形： ×××××××× × Ⅱ Ⅱ × × Ⅱ × × × × Ⅱ Ⅱ × × × ×××××××× 评价方式：观察、语言表述。 评价要点：动作到位，协调自然，精神饱满；双人徒手操动作不能用力过猛。	4×8次 2~3次
实践与提高（26~29分钟）	一、横箱分腿腾越 学生自选高度在保护与帮助下练习。 1. 复习3到5步助跑踏跳提臀→3到5步助跑踏跳提臀分腿练习。	一、复习 1. 教师用鼓励性的语言导入横箱分腿腾越的教学与练习。 2. 教师提示练习要点，启发学生自主学习的方法。 3. 教师巡回指导。观察各组学生练习情况，及时纠错。	1. 复习内容组织形式：教师语言引导学生根据上节课学习小组分组练习。 评价方式：观察、语言表述。 评价要点：单踏双落起跳快，顶肩提臀分腿直；保护与帮助到位；同伴之间互相提示动作要领。	3~4次

续　表

结构	学习内容	指导与练习	组织形式与过程评价	次数
	2.　学习推手、落地 　　原地支撑提臀分腿顶肩推手过低障碍(体验推手)→原地跳背。 3.　横箱分腿腾越 　　动作方法:助跑踏跳后,两臂前伸支撑器械,稍提臀、分腿,迅速顶肩、推手、挺身、落地屈膝缓冲。 　　保护与帮助:保护帮助者站在器械斜前方。跳的同学越过器械后,扶上臂,或落地后扶臂、腹。 4.　反馈性练习: 　　有人帮助与保护的横箱分腿腾跃练习。 二、素质练习 方法:各组第一人站在起跑线后准备,其他队员依次屈体俯撑姿势组成隧道。用爬行动作在垫上钻过隧道,钻出后自动接上组成隧道,第二人出发,依次进行,以先完成的队为胜。	二、学习 (一)1.　教师示范动作,引导学生认真观察,动脑思考。 2.　教师语言引导,鼓励学生2人一组结伴练习,教师巡回提示。 3.　教师启发学生尝试总结推手、落地的动作要领,帮助学生提炼口诀。 (二)1.　教师示范横箱分腿腾跃的完整动作,结合教学挂图,讲动作要领和保护与帮助的方法。 2.　鼓励优生尝试过横箱,教师示范保护与帮助的方法,加强安全教育。 3.　教师指导学生按能力分组尝试练习,指定组长保护与帮助。 4.　小组展示,个人展示。 1.　教师讲解游戏方法与规则。 2.　教师语言引导,学生分组练习。 3.　教师讲评。	2.　学习内容组织形式: Ⅱ ×　　　×Ⅱ ×　Ⅱ　× ×　　　× Ⅱ ×　　　×Ⅱ ×　　　× 评价方式:观察、交流、语言表述。 评价要点:能说出、做出动作技术和帮助保护的要点。保护与帮助到位;练习有序,相互鼓励,注意安全;展现勇敢、自信;认真观察,解决问题方法的有效性 完成目标一、目标三 评价方式:语言表述。 评价要点:遵守游戏规则;动作协调,安全意识强。 完成目标二	反复练习 2～3次
调节与评价(3～4分钟)	一、放松练习。 二、总评。 三、布置收拾器材、宣布下课。	1.　随舒缓音乐,教师语言提示并领做放松动作,学生统一练习。 2.　师生共评,总结本课收获。 3.　布置学生收还器材。	组织形式:分组进行。 评价方式:语言表述。 评价要点:动作舒展,身心轻松。	1次
	预计强度:1.2～1.3	教学反思:		
	预计练习密度: 35%～40%			

教学器材:85 cm 高横箱 2 个、90 cm 横箱 2 个、95 cm 横箱 1 个,踏跳板 5 块、小垫子 40 个、长气球若干,录音机 1 个。

安全措施:场地平整,器材高度与摆放位置合理;准备活动充分;保护帮助措施到位。

20　音乐(七年级上册)课程纲要

課程名称:音乐

課程类型:必修

教材来源:人民音乐出版社 2012 年版

适用年级:七年级

課　　时:18 课时

设　计　者:王学芳/郑州市教育局教学研究室

　　　　　　许　娜/郑州市第五十七中学

背景

　　《义务教育音乐课程标准》对 7～9 年级学段学生在"感受与欣赏"和"表现"领域的要求:能够说出各类人声和常见乐器的音色特点;能够体验音乐情感的发展变化,并能简要描述或通过多种形式表现出来;结合所听音乐,了解音乐体裁与形式在音乐表现中的作用;聆听中国民族民间音乐,简单描述其不同的地域特点或民族风格;聆听世界部分国家的民族民间音乐,能够对其风格特点进行简单描述;能够主动地参与各种演唱活动,养成良好的歌唱习惯;能够自信地、有感情地演唱歌曲;在合唱中积累演唱经验,进一步感受合唱的艺术魅力。

　　本册教材是由舞曲、我国内蒙古地区的民族民间音乐、民歌中的劳动号子及欧洲地区的民族民间音乐等内容有机组成,学生通过演唱、欣赏等途径,获取音乐知识和人文知识,提高音乐技能和音乐鉴赏能力。

七年级学生刚刚步入中学大门,活泼好动,有一定的表现欲,但自觉性有待提高,需要在音乐基础性知识、基本技能的学习中,逐步养成良好的音乐学习习惯,为后续音乐课程的学习打下坚实的基础。

目标

1. 能够用正确的发声方法,自信地、有表现力地演唱歌曲并能较为准确、和谐地进行简单的二声部合唱。

2. 在歌曲学习和音乐欣赏过程中,能够辨别至少三种不同的人声及四种不同的演唱形式。

3. 能够对中外民族民间音乐的风格特点进行简单评述;能够说出不同舞曲体裁的基本音乐特点。

4. 通过对中外经典音乐作品的赏析,在感知音乐基本要素的变化中能够感受音乐所要表达的情绪。

内容

单元	课题	学习内容	课型	课时
	1. 分享《课程纲要》。 2. 问卷调查,了解音乐基本素养。		综合课	1
课程补充内容	《歌唱的魅力》	1. 歌曲赏析。 2. 基础歌唱技能训练。	综合课	1
第一单元 《歌唱祖国》	《歌唱祖国》	欣赏歌曲、了解不同的演唱形式及不同唱法。	欣赏课	1
	《彩色的中国》	1. 用正确发声方法学唱歌曲《彩色的中国》。 2. 复习休止符、连音线、反复记号等知识。	综合课	2
第二单元 《缤纷舞曲》	《多彩的舞曲世界》	1. 了解波尔卡、圆舞曲、探戈等舞曲特点。 2. 分类舞曲赏析。	欣赏课	1
	《青年友谊圆舞曲》	1. 学唱歌曲《青年友谊圆舞曲》。 2. 体会三拍子圆舞曲音乐特点。	歌唱课	1

续　表

单元	课题	学习内容	课型	课时
第三单元 《草原牧歌》	《草原之声》	1. 内蒙古民歌与器乐曲欣赏。 2. 了解长调、短调民歌及马头琴的特点。	欣赏课	1
	《银杯》	1. 学唱歌曲《银杯》。 2. 了解一段体等音乐知识。	歌唱课	1
	《牧歌》	1. 学唱歌曲《牧歌》。 2. 赏析无伴奏合唱《牧歌》。	综合课	1
第四单元 《欧洲风情》	《欧洲民间音乐掠影》	1. 赏析欧洲民歌及器乐曲。 2. 了解欧洲民间音乐的特点。	欣赏课	1
	《桑塔露琪亚》	1. 学唱歌曲《桑塔露琪亚》。 2. 了解船歌的音乐特点。	歌唱课	1
第五单元 《劳动的歌》	《劳动号子》	1. 了解劳动号子的分类及其特点。 2. 劳动号子分类赏析。	欣赏课	1
	《军民大生产》	1. 学唱歌曲《军民大生产》。 2. 用不同演唱形式演唱《军民大生产》。	歌唱课	1
第六单元 《嵩岳风》	《嵩岳风》	欣赏坠胡与乐队演奏的《嵩岳风》，感受河南地方音乐特点。	欣赏课	1
	《少林、少林》	学唱歌曲《少林、少林》，感受中原文化之美。	歌唱课	1
复习与考试		本学期教材内容		2

实 施

一、课程资源

1. 教材：根据目标要求和学生的实际情况，对教材内容进行整合。

2. 网络：利用中国音乐网、搜狗音乐网、我爱音乐网等网站，搜集有关舞曲、欧洲民间音乐等音乐资料。

二、教/学方式

1. 教师主要通过引导、示范等方法帮助学生进行歌唱等音乐技能的学习，通过讲解、提问、启发等方法引导学生提高音乐欣赏能力。

2. 学生通过聆听、感受、讨论、模仿、练习等方法积极参与课堂歌唱与音乐欣赏的学习，并积极、自信地进行自我展示和合作展示。

3. 合唱教学以班级自然组为单位进行声部分配，要求每位组员都能熟练演唱每个声部；合唱时做到声部均衡，音色统一，准确表现音乐情绪。

4. 通过书籍或网络资源，学生自主查找、搜集有关舞曲、劳动号子等学习内容的资料在组内进行展示与分享。

5. 单元学习结束一周内，认真完成并上交教材的单元课后作业。

评价

学期音乐学习成绩由过程性评价和终结性评价两部分组成。

一、过程性评价（30分）

评价项目	评价内容、标准及办法	分数	总分
学习态度（5分）	学习用具准备齐全。主动带齐学习用具在2/3课时及以上者给3分，否则0分。组长记录。		
	不迟到，按时在音乐教室学习，迟到3次以内得1分，超过3次得0分。组长记录。		
感受与鉴赏（10分）	能够哼唱所学主题的音乐作品，说出作者及音乐所属体裁。教师根据学生表现给分，最高5分。		
	能够围绕音乐要素简述所欣赏音乐的表现内容及情绪。教师根据学生表现给分，最高5分。		
表现（10分）	能够准确、有感情地演唱所学歌曲4首。教师根据学生表现给分，最高10分。		
课外学习（5分）	能认真查找学习所需的资料并在组内进行分享。小组互评，组长记录，最高2分。		
	能认真、按时完成教材6个单元的课后作业给3分，缺1次扣0.5分。		

二、终结性评价(70分)

评价形式	评价内容	总分
笔　　试(30分)	乐理、音乐常识、作品听辨	
小组合唱(40分)	音色统一(10分)	
	声部均衡(10分)	
	准确表现音乐情绪(20分)	

三、结果处理

本学期学生的音乐学习成绩以等级制呈现:90分及以上为优秀,71~89分为良好,60~70分为及格,60分以下为不及格。成绩不及格的学生可申请补考,补考安排在下学期开学第一周进行。

教案 20：军民大生产

教材来源：七年级《音乐(上册)》教科书/人民
音乐出版社 2012 年版
内容来源：七年级《音乐(上册)》第五单元
主　　题：劳动的歌
课　　时：共 2 课时，第 2 课时
授课对象：七年级学生
设 计 者：许　娜/郑州市第五十七中学
王学芳/郑州市教育局教学研究室

目标确定的依据

1. 课程标准相关要求

领域一：感受与欣赏——音乐情绪与情感
内容标准：能够体验音乐情感的发展变化，并能简要描述或通过多种形式表现
出来。
领域二：表现——演唱
内容标准：能够自信地、有感情地演唱歌曲。在合唱中积累演唱经验，进一步
感受合唱的艺术魅力。

2. 教材分析

歌曲《军民大生产》又名《边区十唱》《解放区十唱》。1945 年作曲家张寒晖用陇东著名的民歌打夯号子《推炒面》的曲调填词改编而成。歌曲表现了当年陕甘宁边区军民响应党中央开展大生产运动的号召,踊跃投入到开荒生产的热烈情景,具有典型的打夯号子的情绪特征。原歌曲演唱形式为领唱和齐唱,根据其结构特征,也可以进行二声部轮唱和合唱。

3. 学情分析

我校七年级学生从一进校就开始接受规范的歌唱发声训练,经过近一学期的学习,已基本掌握正确的歌唱方法,初步养成了良好的歌唱发声习惯,在欣赏课和歌唱课学习过程中对常见的几种演唱形式已较为熟悉,而且绝大部分学生能进行简单的二声部轮唱与合唱。

目标

1. 通过聆听与模唱歌曲,能够用自然的声音、饱满的情绪准确地齐唱《军民大生产》。

2. 结合歌曲特点和以往学习经验,能够准确地用二声部说唱形式和轮唱形式演唱《军民大生产》。

3. 通过歌曲演唱,进一步感受劳动号子在生产劳动中所起到的鼓舞作用。

评价任务

1. 分组齐唱展示歌曲任意一段、整体完整齐唱歌曲。(检测目标 1 和目标 3)

评价标准:音色统一,音准、节奏、速度、力度准确,演唱富有感染力。

2. 整体合作二声部演唱展示。(检测目标 2 和目标 3)

评价标准:音色统一,音准、节奏准确,声部均衡、和谐,演唱富有感染力。

教学过程

环节	教学活动
温故知新	回顾上节课学习的相关知识——劳动号子,说出打夯号子的特点。
新曲学唱	1. 教师播放歌曲,学生聆听,初步感受歌曲。 2. 教师范唱歌曲,学生进一步感受歌曲特点并默记歌曲旋律。
	3. (1) 学生用"lü"跟钢琴哼唱歌曲旋律。 (2) 教师点评,反馈矫正。 (3) 准确哼唱旋律。
	4. (1) 学生集体填词歌唱。 (2) 教师点评,反馈矫正。 (3) 准确填词歌唱。
	5. 分组演唱展示(任选歌曲其中一段)。(评价任务1) 6. 学生有表现力地齐唱歌曲(完整演唱歌曲)。(评价任务1)
能力拓展	1. 欣赏大型音乐舞蹈史诗《东方红》里的《军民大生产》的演唱。 2. 在教师指导下分两个声部进行二声部轮唱和说唱练习。
	3. 教师点评,反馈矫正,解决难点。 4. 分二声部说唱第3段,轮唱第4、5段。　　　(评价任务2)
	5. 用不同演唱形式完整演唱歌曲:第1段齐唱,第2段领唱,第3段二声部说唱,第4段、第5段二声部轮唱。　　　(评价任务1、评价任务2)
课堂小结	师生共同回顾总结本节课内容:歌曲题材(打夯号子),所学歌曲演唱形式,合唱的基本要求,如何表现歌曲情绪等。

21 美术(七年级上册)课程纲要

课程名称：美术

课程类型：必修

教材来源：人民美术出版社 2012 年版

适用年级：七年级

课　　时：18 课时

设 计 者：陈晓艳/郑州市第七中学

背景

依据义务教育 2011 年版《美术课程标准》,本册教材在内容编排上注意中小学知识的有效衔接,增加了不同学习领域美术知识性学习的深度,进一步强调学生的实际应用训练能力,增加理性认识,为学生发展具有个性的表现力、创造力奠定意识与能力基础,教材本身具有很强的引导性。七年级学生已有多样的技能技法的操作实践经验,有一定知识理解能力,因此学生可以利用教材呈现的内容提示进行相应的自学,开展自主性学习活动。学校配置的专用美术教室、多媒体教室、图书馆、网络等资源使学生的美术学习更加便利。七年级作为小初衔接年级,学生学习还缺乏系统性,注意力容易分散,需要加强知识学习的前后联系,结合生活实际学习、理解、应用美术,同时要注重课堂的趣味性、创造性,增加学习的乐趣。

目标

1. 通过欣赏不同时代、地域的美术作品,了解美术的不同门类及表现形式,尊重人类文化遗产,提高美术鉴赏能力。

2. 能有意识地运用线条、色彩、空间等造型元素以及形式原理,恰当地表现空间和色彩关系,提高造型表现能力和创作能力。

3. 通过体验感受,了解不同材质的特征,学会运用不同材质进行美术创作,提高设计意识和创新思维能力。

4. 结合其他学科知识,能用多种美术媒材、方法和形式进行记录、创作、表演与展示,提高综合应用能力。

内容

学习领域	课时	主要内容
开学第一课	1	分享《课程纲要》
欣赏评述	1	1. 敦煌莫高窟石窟艺术的宝库
	1	2. 在美术世界遨游
	1	3. 如何欣赏绘画作品(选修)
造型表现	1	1. 手绘线条图像——会说话的图画
	1	2. 大自然的色彩
	1	3. 色彩与生活
	1	4. 漫画
设计应用	1	1. 大家动手做条龙
	1	2. 生肖的联想
	1	3. 发现与创造
综合探索	2	1. 艺术节策划与美术设计
	1	2. 宣传品的设计
	1	3. 吉祥物的设计
	1	4. 面具的设计制作
	1	5. 展示设计
学期测试	1	按要求,运用本学期所学知识技能创作一件美术作品。

实施

一、课程资源

基本资源(课件、工具、范作、美术教材);场地资源(美术教室、校图书馆);人文资源(画展、创意活动);网络资源;废旧资源(毛线、碎布、蛋壳、纸盒等);社会资源(艺术馆、博物馆)。

二、教/学活动

1. 为自己设计一个个性化的美术学习档案袋,用以收集作业、资料等学习成果。

2. 针对欣赏领域,4人一组,利用网络资源,开展一次小组合作学习活动。

3. 将本册"综合探索"教学内容进行整合,统一主题,为"校园艺术节"或"校园运动会"做标志、宣传品、吉祥物等系列设计。

4. 期末举办一次学生美术作品展览活动,参展作品包括平时优秀作业和学生课外创作的优秀作品。

评价

本学期的学习评价由过程评价与期末创作评价两部分组成,详情如下:

评价内容		具体要求
过程评价 (60分)	平时表现	工具齐全,按要求携带(5分)
		积极主动参与课堂活动(5分)
		按时交作业(10分)
	美术学习 档案袋	美术学习档案袋的设计具有个性化特点(5分)
		按时完成"欣赏领域"作业单2份(8分)
		有一定质量的美术创作作品至少10件(10分)
		收集的相关学习资料(10分)
		有艺术作品参加课外各级展览或竞赛,荣获二等奖以上(7分)

期末创作评价 （40 分）	按要求,运用本学期所学知识技能创作一件美术作品(40 分)
等级认定	学期学业成绩为过程评价与期末创作评价之和,以等级制呈现:A 级(100～85 分)、B 级(84～75 分)、C 级(74～60 分)、D 级(60 分以下)

教案 21：敦煌莫高窟——石窟艺术的宝库

教材来源：七年级《美术(上册)》教科书/人民美术出版社 2012 年版

内容来源：七年级《美术(上册)》

主　　题：敦煌莫高窟——石窟艺术的宝库

课　　时：1 课时

授课对象：七年级学生

设 计 者：陈晓艳/郑州市第七中学

目标确定的依据

1. 课程标准相关要求

依据课程标准对"欣赏·评述"学习领域的要求,本课教学应定位于通过描述、分析、比较讨论,了解我国宗教美术的发展概况,欣赏重要时期和典型石窟艺术的美术作品,对美术作品进行简评,表达感受和理解,尊重人类文化遗产。

2. 教材分析

《敦煌莫高窟——石窟艺术的宝库》为七年级上学期教材的开篇课,通过本课的欣赏与评价,学生能够从对我国重要的宗教美术发展的了解入手,结合历史,通过展示丰富的图像资料,掌握宗教美术作品欣赏的方法,提升欣赏评述的能力。

3. 学情分析

七年级学生已经具备了一定的网络收集、整理资料的能力和一定的理解能力。在前置合作学习中,学生能够通过网络和已备知识,较全面地了解我国石窟艺术的发展和敦煌莫高窟的概况等知识,在此基础之上,通过课堂学习、成果展示交流,结合教师所提问题的引申和典型作品的比较分析,学生可以深入了解我国石窟艺术的发展、主要内容和样式,以及宗教美术作品的意义和价值,学会运用造型、色彩语言分析宗教美术壁画和彩塑作品。

目标

1. 通过查阅资料和合作学习,简单了解佛教美术的产生意义和我国四大石窟艺术的概况,认识敦煌莫高窟在彩塑、壁画等方面的重要成就。

2. 通过典型作品的具体分析和对不同形式的作品的对比,认识重要时期的彩塑、壁画作品的造型、构图特点,理解石窟艺术作品注重审美理想与情感感悟传达的艺术特点。

3. 通过学习讨论,认识敦煌作为石窟艺术宝库的价值及自身肩负的传承传统文化的责任。

评价任务

评价任务	评价要点	针对目标
五个研究小组选派代表,分别讲述各组课前研究的主题所包含的石窟艺术基本知识。(针对此活动,设计有详细评价量表)	讲述内容条理清晰;知识讲解准确;语言表达流畅,图文结合恰当。	目标1
四人合作对比主要朝代的塑像,描述莫高窟45窟唐朝造像的造型特点。结合故事情节,描述壁画《九色鹿》的构图特点。	描述准确、全面。	目标2
四人合作对比壁画中"飞天"形象、45窟唐朝彩塑形象和唐代绘画艺术中的人物形象,描述相同之处。	描述准确、全面。	

评价任务	评价要点	针对目标
对"保护文物,爱护文物,继承发扬传统文化"表达自己的看法。	观点表达清晰、正确。	目标3
合作讨论,完成《欣赏作业单》,分析一件莫高窟作品。	回答准确。	目标1、2、3

教学过程

一、情景引入,话题讨论

引导学生聆听佛教音乐,通过师生的交流,简单了解佛教的起源和传播;了解丝绸之路。以问题引导学生思考佛教在我国传播发展的原因、以石窟艺术为代表的佛教艺术产生的原因,理解宗教艺术的价值意义,引起学生对宗教艺术的关注。(针对目标1)

二、问题引申,共同分析

(各组学生以组长为主,共同使用交流活动评价量表,随堂对本组、他组代表的讲述情况,进行自评、互评。)

第一小组代表发言,讲述我国古代石窟的开凿概况和四大石窟的情况。教师总结要点。

第二小组代表发言,讲述古代丝绸之路和敦煌的地理位置、敦煌和石窟艺术的发展。教师评价讲述情况和总结要点,指出政治经济是艺术发展的基本条件,引导学生在学习中能够结合政治经济背景来理解不同朝代的艺术作品。(针对目标1)

第三小组代表发言,讲述彩塑的主要样式、彩塑的主要形象、主要朝代的彩塑特点,并结合图片欣赏。教师评价讲述情况。欣赏主要朝代的塑像,对比莫高窟45窟造像的特点,四人一组讨论,发现唐代造像在造型、色彩、体态、表情、细节等方面的特点。(针对目标2)

第四小组代表发言,讲述壁画的总体情况、壁画的主要形象、壁画的分类,并结合图片欣赏。教师评价讲述情况,总结要点。学生讲述《九色鹿》的故事,结合内容情节四人一组讨论分析《九色鹿》画面构图特点。师生共同欣赏壁画"飞天"形象。邀请第四组学生介绍飞天的由来、飞天的特点。结合曾欣赏过的45窟唐代造像和唐代绘画艺术中的人物形象特征,四人一组比较、思考、讨论飞天形象的特征,发现三种形式之间人物形象在造型、色彩、审美等方面的相同之处。理解唐代石窟艺术不仅是宣传佛教的手段,而且成了完整的艺术形式,并注重审美理想与情感的传达。(针对目标2)

第五小组代表发言,讲述莫高窟的发现过程、被掠夺情况以及现代莫高窟的状况,提出保护文物、爱护文物、继承发扬传统文化的倡议。针对第五小组的倡议,设置问题"为什么在晚清时期莫高窟会遭受如此劫难? 有什么办法来保护莫高窟呢? 我们有责任传承我国传统文化吗? 如何传承?"学生自由谈看法。(针对目标3)

三、自由探讨,答题巩固

四人一组合作、讨论《欣赏作业单》。教师参与学生活动,通过学生回答情况,了解各组之间交流的内容知识学习情况和分析作品的情况,并及时矫正。(针对目标1、2、3)

第三部分

学科样例:普通高中

22 物理(必修 1)课程纲要

课程名称: 物理

课程类型: 必修

教材来源: 人民教育出版社 2010 年版

适用年级: 高中一年级

课时/学分: 36 课时/2 学分

设 计 者: 范廷贤/郑州市教育局教学研究室

常华东/郑州市第九中学

背景

学生经过初中阶段两年的物理学习,具备了一定的物理知识,掌握了基本的物理思维方法。高一是学生抽象思维和逻辑思维迅速发展的时期,这一阶段的学生,观察物理现象、总结物理规律、动手操作等方面的能力都将大幅度提升,但数学知识和能力还有待进一步提高,这将对高中物理的学习产生一定的影响。

高中《物理(必修1)》在初中物理的基础上有了较大的变化,理论体系更加科学、完整,思想方法更加严密、抽象。必修 1 涉及的物理概念、规律和研究方法都是进一步学习的基础。例如,利用打点计时器研究匀变速直线运动的实验非常具有典型性,在研究牛顿第二定律时也要用到这种方法。必修 1 中的实验所涉及的基本原理和基本操作技能都是非常重要的,对学生认识物理实验在物理学中的地位以及实验对人类认识世界产生的影响都有积极的作用。

目标

1. 通过实例分析,理解描述运动的基本概念,能完整地描述一个具体的运动。

2. 通过实验,探究匀变速直线运动的规律,经历发现规律的过程,学会用公式和图象表示匀变速直线运动的规律,并能用匀变速直线运动的规律解决实际问题。

3. 通过实验和实例分析,理解重力、弹力、摩擦力的概念,熟练掌握分析物体受力情况的方法。

4. 通过比较,知道矢量与标量的含义,能熟练进行矢量和标量的运算。

5. 通过实验,探究加速度与力、质量的关系,理解牛顿第二定律;能熟练运用牛顿运动定律分析并解决实际问题,提高分析与综合能力。

内容

章	节	内容	课时	关键学习目标
		分享《课程纲要》	1	
运动的描述	1.1	质点　参考系和坐标系	1	理想化模型的建立
	1.2	时间和位移	1	基本概念的区别
	1.3	运动快慢的描述——速度	1	矢量的表示方法
	1.4	实验:用打点计时器测速度	1	打点计时器的构造及使用
	1.5	速度变化快慢的描述——加速度	1	加速度对速度的影响
		建构单元知识框架	1	知识整合
匀变速直线运动的研究	2.1	实验:探究小车速度随时间变化的规律	1	实验思想
	2.2	匀变速直线运动的速度与时间的关系	1	基本公式理解、应用
	2.3	匀变速直线运动的位移与时间的关系	1	基本公式理解、应用
	2.4	匀变速直线运动的位移与速度的关系	1	基本公式理解、应用
	2.5	自由落体运动	1	概念、运动规律
	2.6	伽利略对自由落体运动的研究	1	基本思想
		建构单元知识框架	1	知识整合
期中考试(满分 100 分)			2	

续 表

章	节	内容	课时	关键学习目标
相互作用	3.1	重力　基本相互作用	1	力的分类
	3.2	弹力	1	产生条件、方向
	3.3	摩擦力	1	产生条件、方向
	3.4	力的合成	1	平行四边形定则
	3.5	力的分解	1	分解方法
		建构单元知识框架	1	知识整合
牛顿运动定律	4.1	牛顿第一定律	1	惯性的理解
	4.2	实验:探究加速度与力、质量的关系	2	装置、步骤、注意事项
	4.3	牛顿第二定律	2	定律的理解
	4.4	力学单位制	1	7 个标准单位
	4.5	牛顿第三定律	1	平衡力与作用力区别
	4.6	用牛顿运动定律解决问题(一)	2	两类动力学问题
	4.7	用牛顿运动定律解决问题(二)	2	两类动力学问题
		建构单元知识框架	1	知识整合
期末考试(满分 100 分)			2	

实施

1. 自主学习:通读教材,了解教材设置;认真阅读章节内容与学案,初步掌握知识概况,尝试自主完成课后习题与学案相关内容。网上检索物理学家的事迹。

2. 讲授训练:注意物理概念的形成过程,注重引导学生经历发现物理规律的过程。联系生活,精选习题,防止情境过于复杂给学生造成思维障碍,在针对性的练习中深化对概念的理解。

3. 合作探究:认真完成课本上设置的"思考与讨论"、"说一说"、"做一做"等栏目,感受物理规律探究的过程与方法,体验其中的曲折和乐趣。

4. 实验教学:完成教材中指明的学生实验和所有演示实验,掌握基本的实验规范和技能,充分发挥实验在物理教学中的作用。

5. 课外延伸:安排一次到科技馆的参观,至少安排一次专家的科普报告。

6. 课程资源:郑州"优教班班通——数字教育资源公共服务平台"。

网址：http://ha.czbanbantong.com。

评价

一、评价方式与结果处理

1. 本模块课程评价采用百分制,得分在60分及以上者,本模块修习合格(记2学分);不足60分者,必须参加补考或重修。

2. 模块总成绩＝过程评价成绩(30%)＋期末考试成绩(70%)。其中,过程评价包括学习态度5%、期中考试成绩10%、实验操作表现15%。

二、评价指标

1. 学习态度

关键表现	得分
能按时完成全部预习,课堂注意力集中,积极参与讨论,主动发言	5
能按时完成全部预习,课堂注意力比较集中,参与讨论,不能主动发言	4
能按时完成部分预习,课堂注意力比较集中,参与讨论,发言不积极	3
有时不能按时完成预习,课堂注意力较差,参与讨论和发言不积极	2

2. 实验操作表现

关键表现	得分
能合理选择实验器材,实验原理正确,操作科学规范,数据真实合理,结论正确,能进行评估交流	15
能合理选择实验器材,实验原理正确,操作规范,数据基本合理,能够得出结论,评估交流不够	10
能合理使用实验器材,实验原理正确,操作不够规范,数据误差较大,不能得出结论,不能进行评估交流	5
不能合理使用实验器材,实验原理正确,操作不规范,数据不合理,结论不正确,不进行评估交流	5以下

教案 22：速度变化快慢的描述——加速度

教材来源：普通高中《物理》教科书/人民教育
出版社 2010 年版

内容来源：必修 1 第一章第 5 节

主　　题：速度变化快慢的描述——加速度

课　　时：1 课时

授课对象：高中一年级学生

设 计 者：范廷贤/郑州市教育局教学研究室
常华东/郑州市第九中学

目标确定的依据

《普通高中物理课程标准》要求"经历匀变速直线运动的实验研究过程，理解加速度"，同时给出"例 4 用打点计时器、频闪照相机或其他实验方法研究匀变速直线运动"。

教材将"运动的描述"分为 5 节，"速度变化快慢的描述——加速度"是第 5 节，是在前两节"运动快慢的描述——速度"和"用打点计时器测速度"的基础上，对运动描述的进一步深化。加速度是描述变速运动的核心概念，是下一章"匀变速直线运动的研究"的基础。由于加速度是联系物体运动情况和受力情况的桥梁，所以它是学习牛顿第二定律的必备知识。

由于学生刚进入高中不久，抽象思维能力尚不够强，对矢量之间的关系体会较少,理解加速度的意义有一定的困难。因此,本节只限于讨论匀变速直线运动中的加速度,只研究匀变速直线运动的加速度的定义、公式、意义、单位等,不必强调匀变速直线运动的概念。不研究加速度的测量方法,不讨论加速度的合成与分解。由于高一学生还没有学习牛顿运动定律,本节课不涉及加速度的成因,只需要学生在第二章的学习中能直接应用加速度即可。

目标

1. 通过实验,计算物体运动的几个瞬时速度,通过观察、计算,判断速度变化的特征。

2. 通过列举实例,分析速度变化的特征,归纳描述速度变化快慢的方法,引入加速度的概念。经历比值法定义加速度的过程,体会比值法在物理学中的应用。

3. 通过小组讨论,探讨加速度方向与速度方向的关系,以及如何利用加速度描述速度的变化。

4. 完成教科书中"思考与讨论"栏目,知道在 v-t 图象中用曲线的倾斜程度判断加速度的大小,学会利用 v-t 图象计算加速度。结合生活中快和慢的含义,说一说如何利用加速度描述速度变化的快与慢。

评价任务

1. 利用打点计时器和砝码在 3 分钟内打出一条纸带,然后计算出 5 个点的瞬时速度,并计算出相邻速度之间的差值。

2. 在小组合作学习中说一说加速度的概念、符号、公式、单位、意义。

3. 对加速度方向与速度方向进行讨论,描述什么情况下物体做加速运动,什么情况下物体做减速运动。

4. 利用 v-t 图象计算加速度,说出加速度的数值,描述速度变化的快慢。

教学过程

教学环节	学生活动	教师活动	备注
环节一: 导入 (时间 4 分钟)	1. 回答教师提问:如何用打点计时器测量瞬时速度? 2. 用打点计时器,测量砝码牵引的小车运动速度,计算几个瞬时速度,观察速度的变化特征。	提问学生测量瞬时速度的方法,在确定 90% 以上的学生都能完成这一实验后,要求进行实验,并计算出相邻速度的差值。	评价任务 1
环节二: 引入加速度的概念 (时间 10 分钟)	1. 列举运动实例,从中找出速度均匀变化和非均匀变化的运动; 2. 说一说速度均匀变化的运动中,哪个速度变化更快,是如何比较的; 3. 归纳加速度的概念,总结加速度的意义,与全班同学分享。	引导学生认识运动的多样性,如何描述运动变化快慢更科学。	评价任务 2
环节三: 理解加速度的矢量性 (时间 10 分钟)	小组内探讨 1. 加速度方向与速度方向的关系; 2. 加速度方向与速度变化方向的关系; 3. 加速度与物体加速、减速的关系; 4. 结合生活中快与慢的含义,说一说加速度与运动快慢的区别。	指导学生用正确的方法认识加速度的矢量性,用较为准确的语言阐述加速度方向与速度变化方向之间的关系,深入理解加速度方向的含义。	评价任务 3
环节四: 计算加速度的方法 (时间 8 分钟)	1. 结合实例说一说变化快与变化大的区别、变化慢与变化小的区别; 2. 结合教科书中"思考与讨论",说一说如何利用 v-t 图象,判断加速度的大小、计算加速度; 3. 讨论加速度大小与速度变化快慢的关系。	进一步理解加速度的含义,学会利用 v-t 图象计算加速度。 引导学生理解加速度大、小的含义。	评价任务 4

教学环节	学生活动	教师活动	备注
环节五： 检测学习效果 （时间5分钟）	独立完成课堂检测。在练习中找出疑惑点，当堂解决问题。	巡视学生的作答情况，及时发现共性问题，进行矫正与反馈。	
环节六： 课堂小结 （时间3分钟）	总结本节课的知识要点。	引导学生总结。	

23 化学(必修1)课程纲要

课程名称：化学

课程类型：必修

教材来源：山东科学技术出版社 2007 年版

适用年级：高中一年级

课时/学分：36 课时/2 学分

设 计 者：岳庆先/郑州市教育局教学研究室

卢海宽/郑州市第三十一中学

王东喜/郑州市第十二中学

背景

《化学(必修1)》注重科学探究能力的培养,重视化学基本概念和化学实验,体现绿色化学的思想,突出化学对生活、社会发展和科技进步的重要作用。

必修1是高中化学的第一个模块,与初中化学相比,高中化学的内容和难度都有较大增加。初中化学是化学教育的启蒙,注重激发学生学习化学的好奇心,引导学生认识物质世界的变化规律,形成化学的基本概念,体现基础性;高中化学注重学生主动构建自身发展所需的化学基础知识和基本技能,体验科学探究的过程,学习科学研究的基本方法,加深对科学本质的认识,增强创新精神和实践能力,强调学生的主体性。高一开学初期,要做好初、高中的衔接,学习活动要小步子、快反馈、速矫正。

必修1的核心知识,如研究物质的方法和程序、以物质的量为主的定量计算、常见元素及化合物的性质,可以帮助我们了解常见的化学物质在生产、生活和化学科学研究中的作用,体验和了解化学科学研究的一般过程和方法,认识实验在化学学习和研究中的重要作用,运用所学知识解释生产、生活中的化学现象,解决与化学有关的一些实际问题,初步树立可持续发展的思想。

目标

1. 通过实验探究钠和氯元素及其化合物的性质,掌握研究物质性质的基本方法和程序,为以后进一步研究物质的性质提供方法支撑。

2. 通过分析与推理、归纳与概括,形成有关物理量的基本概念,能够运用物质的量进行简单的化学计算,体会定量研究的方法在化学学习和研究中的重要作用。

3. 根据物质的组成和性质,能从新的视角对物质进行分类(电解质与非电解质、氧化剂与还原剂等);结合生产、生活中的应用实例或通过实验探究,了解常见元素及其化合物的性质及其在生产中的应用和对生态环境的影响。

4. 通过体验科学探究的过程,学会以实验为基础的实证研究方法;初步学会 Ag^+、CO_3^{2-}、Cl^-、SO_4^{2-} 等离子的检验、一定物质的量浓度溶液的配制、粗盐的提纯等物质分离提纯的方法;能独立或与同学合作完成实验,记录实验现象和数据,并交流实验解释与结论。

内容

章题目	节内容	课时
分享《课程纲要》,了解高中化学学习方法及学科价值。		1
第一章 认识化学科学	第一节 走进化学科学	1
	第二节 研究物质性质的方法和程序	3
	第三节 化学中常用的物理量——物质的量	2
	复习和巩固	1
第二章 元素与物质世界	第一节 元素与物质的分类	3
	第二节 电解质	2
	第三节 氧化剂和还原剂	2
	复习和巩固	1

续 表

章题目	节内容	课时
第三章 自然界中的元素	第一节 碳的多样性	2
	第二节 氮的循环	3
	第三节 硫的转化	2
	第四节 海水中的元素	2
	复习和巩固	1
第四章 材料家族中的元素	第一节 硅 无机非金属材料	2
	第二节 铝 金属材料	2
	第三节 复合材料	1
	复习和巩固	1
模块复习检测		3

实施

一、课程资源

1. 教材:充分利用教材中方法导引、工具栏、资料在线、知识支持、概括与整合、练习与活动等栏目内容。

2. 学案:高一化学授课使用教师编制的学案,学案中包含每节课的学习目标、学习导引、核心内容、反馈训练、总结反思。

3. 实验室:开展分组及演示实验。

4. 教具:挂图、模型、PPT及相关音、视频和图片资源。

5. 网络资源:郑州"优教班班通——数字教育资源公共服务平台"。

网址:http://ha.czbanbantong.com。

二、教与学的方式

1. 研究物质性质的方法和程序方面:以元素知识为载体,通过实验探究,理解和体验研究物质性质的一般方法和程序。以金属钠的性质为案例,学习运用观察、实验、分类、比较等方法来研究物质的性质;以氯水的性质为案例,体验研究物质性质的基本程序。

2. 定量计算方面:以物质的量为中心的化学定量计算是学习的重点和难点,这一部分内容重点要放在概念的运用上,在引入概念上不要放太大的精力。教师可采取讲解和练习相结合的方法,通过典型例题的讲解和习题练习来帮助学生体验和理解概念。该部分要求能用物质的量进行简单的化学计算即可,不必过多过难,重在体会定量研究的方法对化学研究的作用。

3. 元素化合物方面:教材对元素化合物进行了分散与集中处理,教学中要以实验来激发学习兴趣,联系生活实际,让化学走进生活,运用化学知识解释生活现象;借助板演、练习、作业等,规范化学用语的表达,建构重要元素单质及化合物的转化关系,树立元素整体观,形成知识体系。

4. 化学实验方面:有计划地进行 20 次演示实验、4 次分组探究实验、4 个家庭小实验。其中分组探究实验要求设计实验方案,记录实验现象和数据,班级交流实验解释和结论。通过家庭小实验学会运用现有材料做简单化学实验,解释生活中的一些常见问题。

5. 要注意化学实验安全,知道化学实验中常见仪器使用的注意事项、常见有毒试剂和易燃易爆试剂取用的注意事项,了解实验室消防安全知识、常见化学伤害事故的处理措施,做到防患于未然。

6. 根据课型和学习内容,采用学案导学的方式进行课程学习。要建立错题本,充分利用错题资源,主动改善学习效果。

评价

本模块共计 2 学分,课程评价以百分制呈现。

学期总评成绩 = 过程评价(30%) + 结果评价(70%)

一、过程评价

过程评价(30 分) = 化学实验活动表现(10 分) + 课堂表现与作业情况(10 分) + 平时测试成绩(10 分)

(1) 化学实验活动表现

化学实验活动表现根据实验方案设计、参与情况、操作规范、实验安全、现象与数据记录、实验解释与结论、实验报告填写等方面由小组长、课代表和教师共同完成评价。

(2) 课堂表现与作业情况

此项由任课教师打分，分为 A、B、C、D 四个等次，分别给予 10 分、8 分、6 分、4 分(A:课堂表现良好,作业均上交且规范、准确;B:课堂表现良好,作业上交率 90%及以上,作业较规范、能及时订正错误;C:表现较好,作业不交率高于 20%;D:表现不积极,存在经常抄袭或不交作业现象)。

(3) 平时测试

平时测试成绩满分 100 分,按 10%计入总成绩。

二、结果评价

期末考试满分 100 分,按 70%计入总成绩。

三、学期总评成绩

学期总评成绩 60 分及以上者为合格,合格者可获得 2 学分;不合格者不能获得学分,可申请补修或于下学期第 1 周参加补考。

教案 23:探究铁及其化合物的氧化性或还原性

教材来源: 普通高中《化学》教科书/山东科学技术出版社 2007 年版

内容来源: 必修 1 第二章第三节

主　　题: 氧化剂和还原剂

课　　时: 共 2 课时,第 2 课时

授课对象: 高中一年级学生

设 计 者: 岳庆先/郑州市教育局教学研究室
　　　　　　卢海宽/郑州市第三十一中学
　　　　　　王晓蕾/郑州市第七中学

目标确定的依据

1. 课程标准相关要求

(1) 体验科学探究的过程,学习运用以实验为基础的实证研究方法。

(2) 通过实验方案设计和实验探究,初步认识实验方案设计、实验条件控制等方法在化学学习和科学研究中的应用。

(3) 根据生产、生活中的应用实例或通过实验探究,了解铁及其重要化合物的主要性质。

2. 教材分析

本课时内容是学习了氧化还原反应的知识后,运用所学知识探究铁及其化合物的氧化性或还原性,进一步理解氧化还原反应相关概念;通过设计实验方案和实验,进一步熟悉探究物质性质的基本程序。

3. 学情分析

通过第一课时的学习,学生已初步建立起氧化还原反应的相关概念,了解了研究物质的基本程序,具备了探究物质氧化性或还原性的知识基础,但由于是初步学习探究,且所学氧化还原反应知识不系统,探究任务还需在教师的指导下完成。

目标

1. 通过分析铁元素价态,会从氧化还原角度分析铁及其化合物的性质;通过学习铁及其化合物的性质和用途,进一步认识化学科学知识与人类生活的密切关系。

2. 根据研究物质性质的程序,设计实验方案,实现铁与铁的化合物的相互转化,掌握探究物质氧化性或还原性的过程与方法。

3. 通过实验探究,初步掌握"验证未知物质性质"的科学方法,进一步体验实验方案设计在化学学习和科学研究中的应用。

评价任务

1. 从化合价角度对铁及其化合物进行分类并预测物质性质。(检测目标1)

2. 现场配制 $FeSO_4$ 溶液,并进行 Fe^{3+} 和 Fe^{2+} 的检验实验操作。(检测目标2)

3. 设计探究 Fe、Fe^{2+}、Fe^{3+} 的氧化性或还原性的实验方案。(检测目标2)

4. 选择最佳实验方案,以小组为单位进行实验探究,动手操作。(检测目标3)

教学过程

一、创设情境、设疑激趣

现场进行清茶变墨水、墨水生清茶的魔术表演,激发学生探求新知的欲望,为学习新知埋下伏笔。然后展示多种铁及其化合物的图片:铁粉、Fe_2O_3 粉末、$FeCl_3$ 溶液、$FeCl_2$ 溶液、$FeSO_4 \cdot 7H_2O$、$Fe_2(SO_4)_3$ 固体、$Fe(OH)_3$ 沉淀、$Fe(OH)_2$ 沉淀。

设置问题,引导学生从化合价的角度对铁及其化合物进行分类,并回答零价铁、正二价铁和正三价铁的化合物具有的性质。

(该环节通过情境引入课题,引导学生从新的角度对化合物进行分类,落实目标 1。)

二、明确任务、构建思路

本节课将以 Fe、$FeSO_4$ 溶液、$FeCl_3$ 溶液为载体来探究 Fe、Fe^{2+}、Fe^{3+} 的氧化性或还原性,请同学们从给出的实物图片中寻找这三种试剂。由于学生没有找到 $FeSO_4$ 溶液,便产生质疑。因 $FeSO_4$ 溶液易被氧化,不易保存,实验室一般现用现配,让学生动手配制 $FeSO_4$ 溶液。

学生尝试配制 $FeSO_4$ 溶液:用铁粉和稀硫酸、$FeSO_4$ 粉末分别配制 $FeSO_4$ 溶液,将两种不同方法配制的 $FeSO_4$ 溶液做对比,观察溶液颜色,预测两种溶液颜色不同的原因,并通过实验加以验证。(知识在线给出 Fe^{3+} 和 Fe^{2+} 的检验方法)

学生预测的原因有三种可能:Fe 具有还原性,Fe^{2+} 具有氧化性和还原性,Fe^{3+} 具有氧化性。引导学生回顾探究物质性质的基本思路:观察→预测→设计→实验→结论。分组设计实验方案,探究预测的正确性。

(本环节通过学生配制 $FeSO_4$ 溶液的"异常现象"引起认知冲突,结合预测和回顾构建实验探究的知识基础和方法基础,落实目标 2。)

三、分工合作、自主探究

首先给出探究所需试剂及参考用量(试剂:铁粉、氯水、稀硫酸、$FeCl_3$ 溶液、铜片、锌片、KSCN 溶液、FeCl₂ 溶液、稀硝酸。参考用量:液体 1～2 mL、铁粉 1/3 药匙、KSCN 溶液 2～3 滴),然后请学生以小组为单位,根据提供的试剂及探究思路,设计探究铁及其化合物的氧化性或还原性方案。

探究题目:Fe、FeCl₂、FeCl₃ 的氧化性或还原性				
探究物质	铁粉	FeCl₂ 溶液		FeCl₃ 溶液
预测性质				
实验设计				
实验现象				
实验结论				

师生讨论小组汇报的方案,对不同的实验方案给予评价。小组合作,分组实验。要求小组成员分工合作,规范实验操作,记录实验现象,并将实验结论与同伴交流。

(本环节通过实验探究,锻炼学生的动手能力和合作意识;通过小组汇报,培养学生的表达能力,落实目标 2 和目标 3。)

四、魔术揭秘、回扣主题

根据探究结论,解释魔术现象:第一个杯子加有 $FeCl_3$,茶叶水中含有一种酸性物质,当遇到 Fe^{3+} 时会与其结合形成蓝黑色物质。第二个杯子加有强还原剂草酸,能迅速将 Fe^{3+} 还原成 Fe^{2+},因此溶液的蓝黑色消失,重新显现出茶水的颜色。

(本环节应用所学知识解决问题,呼应情境引入,学以致用。)

五、成果汇报、归纳交流

每个小组选出代表,以书写离子方程式的形式汇报探究结果,组内、组间交流补充,教师适时点评,构建本节课的知识体系:

$$还原性 \quad Fe \quad Fe + 2H^+ = Fe^{2+} + H_2 \uparrow$$

$$氧化性 \Big\downarrow\uparrow \quad Fe^{2+} + Zn = Fe + Zn^{2+}$$

$$Fe^{2+}$$

$$还原性 \Big\downarrow\uparrow \quad 2Fe^{2+} + Cl_2 = 2Fe^{3+} + 2Cl^-$$

$$氧化性 \quad Fe^{3+} \quad 2Fe^{3+} + Fe = 3Fe^{2+}$$

附:课外拓展

1. 为什么补血剂配合维生素 C 使用,吸收效果才最好?

2. 工业上利用氯化铁溶液腐蚀铜箔制印刷线路板的原理是什么?

3. 怎样证明一种物质具有氧化性或还原性?

24　生物(必修 3)课程纲要

课程名称: 生物

课程类型: 必修

教材来源: 人民教育出版社 2007 年版

适用年级: 高中一年级

课时/学分: 36 课时/2 学分

设 计 者: 翟　斌/郑州市回民中学

张俊杰/郑州市教育局教学研究室

背景

　　本模块的内容包括植物的激素调节、动物生命活动的调节、人体的内环境与稳态、种群和群落、生态系统、生态环境的保护六部分。课程标准对相关知识的要求,以了解和理解为主,活动建议以探究、调查和搜集资料为主。整个模块中较难理解的生物学概念和原理不多,加之通过模块 1 的学习,学生已能从分子和细胞的水平对生命的物质基础、结构基础和细胞代谢等有了基本的认识。学生在初中阶段也接触到了一些稳态与环境的相关知识,对当代医学常识、免疫学、生态学的新进展也有一定程度的了解,具备一定的实验探究能力,这些都为本模块的学习奠定了基础。

目标

1. 运用系统分析法(即从系统的整体出发,分析整体与局部、部分与部分、整体与外部环境之间的相互关系)深入理解稳态、调节、环境等核心概念,在个体和群体水平认识生命系统内部的调节机制以及与环境的关系。

2. 通过建立模型的方法,尝试将真实的物体(真实世界)简化与概括,从而认识其性质、本质特征。

3. 开展探究、调查、搜集资料、动手制作等小组合作学习活动,提高逻辑推理、收集数据、处理实验数据的能力,体验合作、分享、尊重、互惠的意义。

内容

题　目	课程内容	课时
	分享《课程纲要》	1
第1章　人体的内环境与稳态	1-1　细胞生活的环境	2
	1-2　内环境稳态的重要性	1
第2章　动物和人体生命活动的调节	2-1　通过神经系统的调节	4
	2-2　通过激素的调节	2
	2-3　神经调节与体液调节的关系	2
	2-4　免疫调节	3
第3章　植物的激素调节	3-1　植物生长素的发现	2
	3-2　生长素的生理作用	2
	3-3　其他植物激素	1
第4章　种群和群落	4-1　种群的特征	1
	4-2　种群数量的变化	2
	4-3　群落的结构	1
	4-4　群落的演替	1
第5章　生态系统及其稳定性	5-1　生态系统的结构	1
	5-2　生态系统的能量流动	2
	5-3　生态系统的物质循环	2
	5-4　生态系统的信息传递	1

续　表

题　目	课程内容	课时
	5-5　生态系统的稳定性	1
第6章　生态环境的保护	6-1　人口增长对生态系统的影响	1
	6-2　保护我们共同的家园	1
期末考试		2

实施

在本模块的学习过程中要特别关注下列两种学习活动的实施。

1. 模型建构

章节	主要内容	模型类型	相关教学准备条件或注意事项
1-1	构建人体细胞与外界环境的物质交换模型	概念模型	预习或者课堂学习任务
2-2	建立血糖调节的模型	概念模型	彩色卡纸、剪刀
3-1	生长素的探索发现过程	概念模型	预习或者课堂学习任务
3-2	植物不同器官对生长素的敏感程度以及生长素的两重性的坐标图	数学模型	彩色铅笔、稿纸
4-2	建构种群增长模型的方法——种群增长的"J"形曲线	数学模型	课堂学习任务
4-2	培养液中酵母菌种群数量的变化——种群增长的"S"形曲线	数学模型	酵母菌培养液、显微镜等
5-1	参考一般系统的结构模式图,尝试画出生态系统的结构模型	概念模型	预习或者课堂学习任务
5-5	设计并制作生态瓶,观察其稳定性	物理模型	学生自行制作各自特色的生态瓶,作为过程性评价的一部分

2. 探究活动

章节	主要内容	活动类型	相关教学准备条件或注意事项
1-2	体温的日变化规律	调查	学生课前活动
1-2	生物体维持 pH 稳定的机制	实验	HCl 溶液、NaOH 溶液、黄瓜匀浆等
3-2	探索生长素类似物促进插条生根的最适浓度	探究	常用的生长素类似物、植物枝条等
4-1	用"样方法"调查草地中某种双子叶植物的种群密度	探究	校园内的绿地、附近的紫荆山公园等都可作为调查场所
4-3	土壤中小动物类群丰富度的研究	探究	
5-3	土壤微生物的分解作用	探究	
6-1	人口增长过快给当地的生态环境带来的影响	资料搜集与分析	需要小组合作完成并在课堂上展示学习成果
6-2	搜集我国利用生物技术保护生物多样性的资料	课外实践	

评价

学期评价以百分制呈现,由过程性评价结果(30%)和期末考试成绩(70%)两部分组成。

1. 过程性评价

(1) 学生上课情况,10 分。

评价依据:①考勤;②课堂状态;③小组活动的参与情况。

(2) 作业情况和平时测验成绩,10 分。

评价依据:①是否及时上交;②完成质量(是否干净工整、呈现思维过程);③是否纠正错题。

(3) 实验情况,10 分。

评价依据:①是否积极参与活动;②是否能严谨设计实验步骤,准确记录实验数据;③是否准备充分,实验过程是否符合安全操作规范;④是否能结合数据分析实验现象、对实验结论进行评估;⑤是否认真完成实验报告。

2. 期末考试成绩

满分 100 分,按 70%计入学期评价的总成绩。

3. 学期评价

学期总评成绩＝过程评价成绩＋期末考试成绩

总分在 60 分及以上者,获得 2 个学分。

总分在 60 分以下者,下学期开学第一周安排一次纸笔测试的补考。

教案 24：生态系统的结构

教材来源： 普通高中《生物》教科书/人民教育
出版社 2007 年版

内容来源： 必修 3 第 5 章第 1 节

主　　题： 生态系统及其稳定性

课　　时： 1 课时

授课对象： 高中一年级学生

设 计 者： 翟　斌/郑州市回民中学

张俊杰/郑州市教育局教学研究室

目标确定的依据

1. 课程标准相关要求

讨论某一生态系统的结构。

2. 教材分析

本节课是人教版必修 3 第 5 章第 1 节的内容，主要包括生态系统的范围和生态系统的结构。本节内容不仅是学习生态系统能量流动和物质循环的基础，也是生物学中的基础知识和主干知识，并与选修 3 生态工程部分联系紧密，因此是必修

3 的重点内容之一。

3. 学情分析

(1) 高一学生对观察实验现象和动手做实验有着浓厚的兴趣,且已具备基本的实验操作技能。

(2) 学生在初中学习过生态系统、生物圈、食物链和食物网等相关概念,可以采用自主阅读教材、结合观察和讨论的学习方法,并尝试建构模型。

目标

1. 自主阅读教材,能够准确说出生态系统的概念。

2. 观察生态瓶和池塘生态系统图片,通过讨论生态系统的成分及其功能,建立各成分之间的联系,尝试建构生态系统的结构模型。

3. 通过讨论特定生态系统中生物的食物关系,能够准确区分食物链中的生产者、各级消费者和不同营养级;准确数清食物网中食物链的数目。

评价任务

目标 1 评价任务:画出概念图表示个体、种群、群落、生态系统之间的关系。

目标 2 评价任务:绘制生态系统各成分之间的关系图,课后制作一个符合生态学原理的生态瓶。

目标 3 评价任务:分析成语"螳螂捕蝉,黄雀在后"所隐含的食物链具有营养级的数量;数一数教材第 91 页图 5-5 所示食物网中食物链的条数。

教学过程

环节	要　点	教学活动
1	自主阅读、设计概念图	教师首先介绍人类目前所面临的资源与环境问题,并提出解决这些问题都要依赖人们对生态系统的结构与功能、多样性与稳定性等诸多方面的研究,从而引出本节课题。接着出示本节课的学习目标,明确本节课的学习任务。学生自主阅读教材第 88 页,完成作业单的第 1 题。 检测学习目标 1:画出概念图表示个体、种群、群落、生态系统之间的关系。

环节	要　点	教学活动
2	观察、讨论，模型建构	学生以小组为单位，观察池塘生态系统图解和教师提供的生态瓶，阅读教材第89～90页，完成作业单的第2题。学生展示作业，互动交流。 检测学习目标2：绘制生态系统各成分之间的关系图。
3	知识回顾、自主阅读、展示反馈	教师引领学生对初中知识进行回顾：在生态系统内，各种生物之间由于食物而形成的一种联系，叫做食物链。学生自主阅读教材第91页，完成作业单的第3题。学生展示作业，互动交流。 检测学习目标3： (1) 分析成语"螳螂捕蝉，黄雀在后"所隐含的食物链具有营养级的数量； (2) 数一数教材第91页图5-5所示食物网中的食物链的条数。
4	总结、梳理、归纳	(1) 结合学习目标，师生共同回顾总结本节课的目标达成情况； (2) 学生梳理、归纳本节课的收获与感悟。
5	课后拓展	学生课后制作各具特色并符合生态学原理的生态瓶，作为过程性评价的一部分。

附：作业单

1. 完成下列填空：

(1) 生态系统是由_____与它的_____相互作用而形成的统一整体。

(2) 动物园里饲养着各种动物，也栽培了多种植物，一个动物园中的全部动物和植物能构成一个生态系统吗？_____。为什么？_____。

(3) 地球上最大的生态系统是_____。

2. 观察池塘生态系统图解和教师提供的生态瓶，阅读教材第89～90页，回答下列问题：

(1) 你能观察到哪些生物？它们分别以什么角色出现？

(2) 这些生物从外界获得物质和能量时利用的是无机物还是有机物？你能按照它们的营养方式将它们归类吗？生产者可将_____(有/无)机物转化为_____(有/无)机物，属于_____(自/异)养型生物；而消费者和分解者必须直接从外界获取_____(有/无)机物，属于_____(自/异)养型生物。

(3) 除了生物之外你还能观察到什么？

(4) 思考并讨论：这两个生态系统有什么相同之处？生态瓶中如果去掉水草，

能够维持很长时间吗? 去掉鱼呢? 去掉沙粒和水中的微生物呢?

3. 回答下列问题:

(1) 参见教材第 91 页图 5 - 4,该图显示的食物链是"青草→蝗虫→青蛙→蛇→鹰",请填写下列表格。

生物	青草	蝗虫	青蛙	蛇	鹰
在生态系统中的成分	____	____级消费者	____级消费者	____级消费者	____级消费者
营养级别	第____营养级	第____营养级	第____营养级	第____营养级	第____营养级

(2) 下图所示的食物网中有_____条食物链,鹰是_____消费者,位于第_____营养级。次级消费者有_____,第二营养级的生物有_____。蛇、鹰之间的关系是_____、_____。

25 语文(必修 5)课程纲要

课程名称: 语文

课程类型: 必修

教材来源: 人民教育出版社 2006 年 11 月第 2 版

适用年级: 高中二年级

课时/学分: 36 课时/2 学分

设　计　者: 朱建军/郑州市教育局教学研究室

李艳慧/郑州市第五中学

郭河秀/郑州市第九中学

背景

人教版普通高中《语文(必修 5)》是前四个必修模块的延伸和提升。第一单元"小说"与必修 3 的小说单元遥相呼应,必修 3 的小说单元重点强调了小说的形象和语言,本单元的学习重点是把握小说的主题和情节,这也为学习选修模块"小说与戏剧"系列时能从不同角度和层面解读中外小说储备了相关知识。第二单元为"古代抒情散文",学生经过初中和高一阶段的学习,已经阅读了一定数量的古代散文作品,有了一定的文言积累,本单元的学习重点应放在感受古人的真情真性和品味课文丰富多彩的语言艺术上,这也为学习选修模块"文化论著研读"系列时能更好地探索作品的丰富意蕴、领悟作品的艺术魅力打下基础。必修 1、必修 2 模块的写作部分,主要是对记叙文进行学习和训练,必修3、必修4模块主要从议论文的角度进行学习和训练,本模块的写作部分,则是从作文发展等级的角度对高中阶段必修模块的写作进行总结。

学生已经在前四个模块中初步完成了古今小说、古代散文等文体的阅读与鉴赏,已经初步具备了鉴赏小说的形象、语言和阅读浅易文言文的能力,并初步具备了对文学作品的鉴赏评价能力,为完成必修5模块相应内容的学习奠定了基础。第三单元是五个必修模块中唯一的文艺评论和随笔单元,学生虽然在专业知识和艺术体验上有所准备,但对文艺评论和随笔还是比较陌生的,学习起来会有一定的难度。

目标

1. 通过自读、研讨中外小说,能够全面概括小说的情节,分析某一情节的作用;通过对故事情节、环境描写和人物形象的分析,探究作品的主题,有自己的情感体验和思考。

2. 能够借助注释和工具书,说出古代抒情散文中常见的文言实词、虚词在语境中的意义和用法;能从关键词汇、句式、用典等方面赏析课文语言,体会质朴自然或典雅华丽的语言风格;熟读成诵,感受作品抒发的真挚情感。

3. 能够借助关键词句,找出或归纳出文艺评论和随笔的基本观点,分析材料与观点之间的关系;能够借助文章观点对其他作品作出分析和评价,逐步养成应用拓展、评价探究的思维习惯。

4. 通过速读自然科学论文,理出作者的写作思路,概括归纳出文章观点;通过品读语句,能体会自然科学论文简洁、严密、明晰、幽默的语言风格,感受科学文化的魅力。

5. 通过对作文的发展等级的序列化训练,以及同题作文的再度写作训练,能在60分钟内写出不少于800字的内容充实、新颖,思想深刻,语言富有文采的文章。通过访谈活动,锻炼、提高口语交际的能力。

6. 通过专题活动,梳理并积累五个必修模块中的文言词语、句式和古代文化常识,提高阅读理解文言作品的能力;课外阅读《三国演义》《堂吉诃德》两部中外名著,养成良好的阅读习惯。

内容和实施

板块	单元	学习内容	课时	学习资源	学习活动
		分享《课程纲要》	1	人教版普通高中《语文（必修5）课程纲要》	分小组交流、讨论。
阅读鉴赏	小说	《林教头风雪山神庙》	2	《水浒传》相关电影视频	1. 针对不同文本分别采用说书式、表演式和朗诵式的读书方式来把握故事情节，感知人物形象，体会环境描写的作用。 2. 依据课文，讲述《林教头风雪山神庙》中跌宕起伏的故事情节，以曲线图的方式展示林冲心理变化过程，进而把握小说官逼民反的主题。 3. 以演课本剧的形式表演《装在套子里的人》中的精彩片段，塑造鲜活的人物形象，进而把握人物性格特征，领悟小说主题。
		《装在套子里的人》	2	《契诃夫短篇小说集》	
		《边城》	2	《边城》电影视频，中篇小说《边城》	
	古代抒情散文	《归去来兮辞（并序）》	2	《归园田居》，《归去来兮辞》范读音频	1. 对课文重点实词、虚词、文言句式进行梳理，分小组展示。 2. 任选自己喜欢的语句对其语言风格及作者情感进行赏析。 3. 根据要求举行小组循环朗诵比赛、背诵比赛。 4. 阅读与课文相关的经典作品，班内举行经典阅读读书报告会。
		《滕王阁序》	2	《滕王阁诗》，《滕王阁序》范读音频	
		《逍遥游》	2	《庄子，在我们无路可走的时候》，于丹《庄子心得》	
		《陈情表》	2	《弟子规·出则孝》，《二十四孝故事》	
		单元测试	2	纸笔测试，测试时间150分钟，分值150分。	
	文艺评论和随笔	《咬文嚼字》	2	炼字型古诗词，《朱光潜美学文学论文选集》	1. 自主阅读文本，借助关键句归纳文章基本观点；组内展示交流所归纳的文章基本观点，并能说出材料与观点之间的关系。 2. 参照课文的对比写法，自选一首诗词进行分析和评说(200字左右)。
		《说"木叶"》	2	写"木叶"的诗词	
		《谈中国诗》	2	钱钟书《谈艺录》，《唐宋词鉴赏辞典》	

续　表

板块	单元	学习内容	课时	学习资源	学习活动
阅读鉴赏	自然科学论文	《中国建筑的特征》	1	《中国古代建筑》(商务印书馆)	1. 速读课文,借助中心议题,理清作者写作思路,概括归纳出文章观点。 2. 品读语句,体会自然科学论文简洁、严密、明晰、幽默的语言特点。 3. 仿照自然科学论文的语言特点,自选一个说明对象,写一个不少于300字的片段,每组选出优秀片段在班内交流。
		《作为生物的社会》	1	法布尔《昆虫记》	
		《宇宙的未来》	1	有关宇宙的科普图片、视频	
表达交流		《学习写得深刻》		感动中国人物素材,高考满分作文范例,郑州教育信息网"作文"板块相关内容	1. 在本模块的学习过程中,穿插进行三次作文写作训练。 2. 通过自评、互评、师评等活动及时反馈,再度提升写作能力。 3. 定一个主题,自己设计好访谈提纲,对自己敬佩的人进行一次访谈,写出心得并在班内交流。
		《学习写得充实》			
		《学习写得有文采》			
		《学习写得新颖》			
		《访谈》			
梳理探究		《文言词语和句式》	2	必修1、2、3、4、5教材	分"文言词语"、"文言句式"、"古代文化常识"、"语言翻译"等专题进行自主梳理,小组展示交流各自对相关知识的梳理成果。
		《古代文化常识》			
		《有趣的语言翻译》			
模块考试			2	纸笔考试,考试时间150分钟,分值150分。	

注:1."阅读鉴赏"板块"学习资源"均需使用人教版普通高中《语文(必修5)》教材和相应课文的学案(学校根据学情编制,可用来课前导学、课中助学、课后测学);

2. 网络资源:郑州"优教班班通——数字教育资源公共服务平台"(http://ha.czbanbantong.com)、人民教育出版社官方网站(http://www.pep.com.cn)等。

评价

模块总评成绩(100分) = 过程性评价成绩(占30%) + 模块考试成绩(占70%);2学分。

1. 过程性评价成绩

过程性评价成绩 = 课堂学习表现(10分) + 作业表现(10分) + 单元测试成绩

(10 分)。

评价项目	评价依据	评价主体
课堂学习表现	根据能否在限定时间内独立完成读、写任务,能否准确、规范、全面、得体地口头或书面表达自己的见解,小组研讨时能否积极参与、主动展示交流自己的读、写成果等表现,分为四个等级:A 等级 8~10 分,B 等级 5~7 分,C 等级 3~4 分,D 等级 0~2 分。	自己,同学,教师
作业表现	① 根据学生平时作业上交是否及时、书写是否认真、正确率是否高、有无抄袭现象等表现,分为三个等级:A 等级4~5分,B 等级 2~3 分,C 等级 0~1 分。② 三次作文写作训练,参照高考作文评分标准,分"内容""表达""特征"三个维度评价综合打分,三次作文的平均分(满分 100 分)×5%为实际分数(满分 5 分)。	小组长,课代表,教师
单元测试成绩	单元测试成绩 = 卷面得分÷150×100×10%。	教师

2. 模块考试成绩

模块考试成绩 = 卷面得分÷150×100×70%。

3. 模块总评

模块总评为 100 分,60 分及以上为合格(获得 2 学分);不到 60 分为不合格,不合格者按学校有关规定参加补考。

教案 25:归去来兮辞(并序)

教材来源:普通高中《语文》教科书,人民教育
出版社 2006 年 11 月第 2 版

内容来源:普通高中《语文(必修 5)》第二单元

主　题:《归去来兮辞(并序)》

课　时:2 课时

授课对象:高中二年级学生

设 计 者:李　兰/郑州中学

　　　　　郭河秀/郑州市第九中学

　　　　　李艳慧/郑州市第五中学

目标确定的依据

1. 课程标准相关要求

依据《普通高中语文课程标准(实验)》和学期目标中对文言文阅读的基本要求"能借助注释和工具书,理解词句含义,读懂文章内容",鉴赏文学作品能"感受形象,品味语言,领悟作品的丰富内涵,体会其艺术表现力,并且有自己的情感体验和思考"。

2. 教材分析

《归去来兮辞(并序)》是"古代抒情散文"单元的第一篇文章,其他三篇为《滕王阁序》、《逍遥游》、《陈情表》。四篇文章有辞赋,有书序,有先秦诸子散文,有给皇帝的奏章(表)。虽文体不同,但都能依托文体的语言特点抒发真性真情。学习本单元,要能够借助注释和工具书,说出古代抒情散文中常见的文言实词、虚词在语境中的意义和用法;能从关键词汇、句式、用典等方面赏析课文语言,体会或质朴自然或典雅华丽的语言风格;熟读成诵,感受作品抒发的真挚情感。

3. 学情分析

学生已经学过陶渊明的《桃花源记》、《归园田居》、《五柳先生传》等作品,对其人其事及其思想情感有一定的了解,但对辞赋的特点和对陶渊明归隐情结了解得还欠深刻。

学习本文,要以诵读辞赋为线索,感受辞赋语言抒情的特点,与文本深度对话,以实现与陶潜的心灵碰撞,披文入情,多方面把握作者的复杂情感。

目标

1. 借助注释和工具书,读懂课文,说出"策"、"胡"、"奚"等词语的语境义。

2. 通过诵读课文,感受这篇辞赋语言朴素、音节和谐、音韵优美的特点并背诵课文。

3. 通过自由品读、小组研讨,概括文章再现的画面,借助画面分析文章蕴含的复杂情感并做出评价。

评价任务

1. 结合文本准确说出"策"、"胡"、"奚"等词语的语境义,直译重点文句(教师圈定)。

2. 从语言风格、音节、音韵等方面说说这篇辞赋的特点,通过对语调、语速、语顿等的恰当处理,有感情地诵读并试背课文。

3. 小组代表至少从五个角度概括文章描绘的画面,并说出画面蕴含的丰富情感。

4. 写写自己对陶渊明"归隐之乐"复杂情感的认识和评价。(字数不少于300字)

教学过程

学习目标	学习环节	学习活动	评价要点
第一课时			
目标1:借助注释和工具书,读懂课文,说出"策""胡""奚"等词语的语境义。	(一)设疑激趣 引入新课	1. 齐背陶潜《归园田居》设疑:陶潜"归"向何处？仅仅是从官场回归田园吗？	针对学习目标1: 1. 能准确读出"飏、眄、岫、棹、翳"等词的读音。 2. 能准确说出"策""胡""奚"等词语的语境义。 3. 能流畅直译课后练习三中的4个句子。
	(二)读准字音 读懂大意	2. 用你喜欢的方式(朗读或默读)初读课文,借助课下注释和工具书,圈画读不准的字音或理解不了的词句。 3. 两人一组,一人一段,相互听读,纠正字音或句读。 4. 以小组为单位,说说不理解的词句,组内释疑解惑。	
目标2:通过诵读课文,感受这篇辞赋语言朴素、音节和谐、音韵优美的特点并背诵课文。	(三)诵读课文 感受特点	5. 反复诵读,恰当处理语调、语气、语速、语顿等。 6. 品读老师提供的句子,谈谈这些句子的语言特点。如:"舟遥遥以轻飏,风飘飘而吹衣""云无心以出岫,鸟倦飞而知还""木欣欣以向荣,泉涓涓而始流"等。 7. 选出自己喜欢的句子,和同学交流,从语言的角度谈谈喜欢的原因。 8. 小组内试背课文。	针对学习目标1、2: 1. 能读出语调:升调、降调;读出语气:疑问、反问、感叹、陈述语气和虚词的舒缓语气;读出语速:快、中、慢;读出语顿:本文三字句二、一顿,四字句二、二顿,五字句二、三顿,六字句三、三顿或一、二、一、二顿等。 2. 能至少说出两个以上的语言特点。如:语言朴素、音节和谐、对仗工整、抑扬顿挫等。 3. 试背课文。

学习目标	学习环节	学习活动	评价要点
		第二课时	
目标3： 通过自由品读、小组研讨,概括文章再现的画面,借助画面分析文章蕴含的复杂情感并作出评价。	（四）想象画面　披文入情	9. 自由诵读,驰骋想象,再现画面,欣赏田园风光自然美。 10. 和同伴交流研讨,以小组为单位展示自己概括的画面,说说画面蕴含的思想情感。 11. 选择你最喜欢的一幅画面,品一品字词,说一说所表现的情感。 12. 小组合作,研讨作者"归隐之乐"的复杂情感,每组推荐代表交流,师生小结： (1)从为官之地彭泽回归家园的欣喜;(2)从世俗的官场回归田园的急切、欢愉和固穷守节的决绝;(3)"心为行役""违己交病"的痛苦;(4)从"吾生行休"的感伤回归"顺应天命"的超脱;(5)回归家园身心自由的闲适。 13. 谈谈自己对作者"归隐之乐"的看法。	针对学习目标1、2、3： 1. 至少说出五幅画面。如："舟遥轻飏风光美""童仆欢迎亲情美""自引自酌闲趣美""抚松盘桓闲适美""农人有事田园美""植杖耘籽田野美"等,并说出画面蕴含的懊悔、决绝,欣喜、率真,乐天安命等情感。 2. 能结合诗句写出作者的复杂情感,如："田园将芜的自责自悔""稚子候门的欣喜若狂""矫首遐观的自娱自乐"等。 3. 背诵课文。
	（五）布置作业　课后巩固	必做作业： 1. 在反复诵读课文的基础上背诵全文。 2. 写写自己对陶渊明"归隐之乐"复杂情感的认识和评价。(字数不少于300字)	
		选做作业： 从以下方式中任选一种,写一写"我"心中的陶渊明。 1. 为教材P25页的《陶渊明画像》题一首诗。 2. 在班内作一场有关陶渊明研究的报告。	

26　英语(必修 4)课程纲要

课程名称: 英语

课程类型: 必修

教材来源: 人民教育出版社 2007 年版

适用年级: 高中一年级

课时/学分: 36 课时/2 学分

设　计　者: 黄利军/郑州市教育局教学研究室

　　　　　　李　靖/郑州市第五中学

背景

　　人教版高中《英语(必修 4)》以女性、农业、英语幽默、身势语和主题公园为中心话题,文本内容贴近现实生活,涉及范围广泛,信息量大。综合语言运用难度增加,要求学生通过对文本的阅读能获取和处理主要信息、理解文章主旨并根据文章中的线索进行推理;能听懂正常语速的听力材料,完成指令任务,识别不同语气所表达的不同态度并进行简单推理;能用恰当的形容词描述一个人的情感,用得体的语言劝慰他人并提出制止和警告;能制作海报、写慰问信等。动词的-ing 形式、主谓一致、构词法等语言结构的出现要求学生在语言运用方面更加准确。

　　学生通过前 3 个模块的学习,积累了一定量的词汇,掌握了基础语言知识和语言运用的基本技能。模块 4 难度较大,必须明确课程目标,选择正确的学习方法,在情境中坚持锻炼听、说、读、写技能,提升英语素养,为后续课程的学习奠定基础,完成英语学习从六级向七级的过渡。

目标

1. 运用对比、联想、归纳等方法，掌握至少 170 个单词、36 条固定搭配和习惯用语。

2. 运用"观察—发现—归纳—实践—活用"的方法，掌握主谓一致、动词-ing 形式的用法、构词法三个语法项目。

3. 通过听和说的训练，能听懂描述他人、劝说、情感等功能的对话、故事、演讲、讨论等，并能就这些功能进行口语表达；能听懂有关杰出女性、农业、英语幽默、身势语等话题的材料，并能就这些话题进行简短发言、对话、讨论、演讲等。

4. 通过阅读文本材料 Women of achievement、Working the land 等，运用略读、细读、猜测词义、释义、归纳等阅读方法和技能，把握篇章中心内容、获取关键信息，并能针对阅读内容表达自己的观点。

5. 通过文本阅读材料的学习，能就本模块的功能项目用英语写描述性短文、幽默故事、慰问信、制作海报和宣传册，做到语言准确、文字通顺、结构严谨、格式正确、文体合适。

6. 通过阅读文本，了解英国动物学家简·古道尔在研究和保护野生动物方面的贡献；了解外国主题公园与一般公园的异同；理解英语语言中的幽默；在交际中得体运用体态语。

内容

Titles	Periods	Contents
课程纲要	1	分享《课程纲要》
Unit 1　Women of achievement	6	Topic: Great women and their achievements Functional item: Describing people Structure: Subject-Verb agreement Reading: A student of African wildlife/Why not carry on her good work? /Elizabeth Fry Writing: Descriptive writing — short article

Titles	Periods	Contents
Unit 2　Working the land	6	Topic：Important people, history and methods of agriculture Functional item：Persuasion Structure：The -*ing* form as the Subject and Object Reading：A pioneer for all people / Chemical or organic farming? / An early farmer pioneer Writing：Persuasive writing — poster
Unit 3　A taste of English humour	6	Topic：Different types of English humour Functional item：Emotions Structure：The -*ing* form as the Predicative, Attribute and Object Complement Reading：A master of nonverbal humour / English jokes / An April Fool's joke：the noodle harvest Writing：Humorous writing — story
期中复习、考试	2	复习 Units 1～3 内容,进行纸笔测试
Unit 4　Body language	6	Topic：Cultural differences and intercultural communication Functional item：Prohibition and warning / Obligation Structure：The -*ing* form as the Attribute and Adverbial Reading：Communication：no problem? / Showing our feelings / The open hand — a universal sign Writing：Reflective writing — letter of concern
Unit 5　Theme parks	6	Topic：Different types of theme park Functional item：Asking the way / Giving directions Structure：Word formation Reading：Theme parks — fun and more than fun / Futuroscope — excitement and learning / The Polynesian Cultural Center Writing：Explanatory writing — brochure
期末复习、考试	3	巩固 Units 1～3 内容,复习 Units 4～5 内容,进行纸笔测试

实施

一、学习资源

1. 教材:《普通高中课程标准实验教科书(必修)英语 4》及练习册,人民教育出版社,2007 年 5 月第 2 版。

2. 配套读物、录音带或 MP3、听说材料等。

3. 学案:学校根据学情编制,学生可用来自学、检测。

4. 网络资源:人民教育出版社网站(http://www. gopep. cn)、郑州"优教班班通——数字教育资源公共服务平台"(http://ha. czbanbantong. com)、高中英语网(http://yingyuxueke. com)、高中英语学习网(http://www. gzenxx. com)等。

二、教学活动

1. 根据高一学生的实际情况,将每个单元的教材内容按课时重新组合如下:

Period 1：Warming Up, Pre-reading, Reading & Comprehending

Period 2：Learning about Language (Useful words, expressions & structures)

Period 3：Using Language (Reading)

Period 4：Using Language (Listening & speaking)

Period 5：Writing

Period 6：Revision (Summing Up, Learning Tip & Reading for Fun), Test & Checking Yourself

2. 本模块安排以下 5 个主要活动,在对应单元学完后进行。

(1) 以"我心中的伟大女性"为主题举行英语演讲比赛。

(2) 用英语向"水稻之父"袁隆平发出邀请函,请他就"有机农业"作报告。

(3) 以"幽默大师"为主题用英语设计一个演出海报,并举办优秀海报展。

(4) 用英语就"不同国家,相同语言?"开展主题辩论赛。

(5) 举办"主题公园"英语征文比赛。

评价

一、过程评价成绩

评价内容	评价方法	评价者
课堂表现	根据学生在课堂上自主学习、用英语主动参与小组活动、互动交流和课堂展示情况评定等级:优秀(9~10分)、良好(6~8分)、合格(3~5分)、不合格(0~2分)。	自己、同学和教师
作业表现	根据学生作业是否上交、独立完成、工整、正确和纠错情况评定等级:优秀(9~10分)、良好(6~8分)、合格(3~5分)、不合格(0~2分)。	课代表和教师
阶段成绩	期中纸笔测试,满分150分,折合10分计入模块成绩。计算方法:卷面得分÷150×100×10%。	教师

二、期末考试成绩

期末考试采用纸笔测试形式,总成绩为150分,折合70分计入模块成绩。计算方法:卷面得分÷150×100×70%。

三、评价结果处理

模块最终成绩=过程评价成绩(30%)+期末考试成绩(70%)。学生的模块最终成绩达到60分及以上者为合格,获得2个学分。

不合格者需参加一次性补考,补考成绩合格者,获得2个学分。

教案 26：A Student of African Wildlife

教材来源：普通高中《英语》教科书/人民教育
　　　　　出版社 2007 年版

内容来源：必修 4 第一单元

主　　题：Women of achievement

课　　时：共 6 课时，第 1 课时

授课对象：高中一年级学生

设 计 者：黄利军/郑州市教育局教学研究室
　　　　　李　靖/郑州市第五中学

目标确定的依据

1. 课程标准相关要求

《普通高中英语课程标准》对高一学生应达到的七级语言技能"读"的目标要求是：能从一般性文章中获取和处理主要信息；能理解文章主旨和作者意图；能通过上下文克服生词困难，理解语篇意义；能通过文章中的线索进行推理。对"说"的目标要求是：能根据熟悉的话题，稍做准备后，有条理地作简短的发言；能根据话题要求与人交流、合作，共同完成任务。对七级文化意识的目标要求是：了解英语国家主要的文学家、艺术家、科学家、政治家的成就、贡献等。

2. 教材分析

本单元以野生动物保护专家简·古道尔为切入点,介绍了在恶劣的工作环境中以及巨大的社会压力下取得卓越成就的女性。单元阅读文本在篇幅、生词量和理解难度上有所加大,听、说和写的主题、素材和要求更加生活化、实用化,语法结构涉及规则繁杂的主谓一致。

3. 学情分析

高一学生已经积累了 2000 多个课程标准要求的单词、短语和搭配,基本掌握了略读、寻读、细读和猜词等阅读方法,能用常用的单词和简单的句子编写对话或文章,但在知识积累、文本拓展、生活感悟和个人表现上,学生还有待提高。

目标

1. 通过略读提炼文章的核心内容,通过寻读捕捉文章的细节信息。
2. 根据上下文理解 behave、observe、move off、crowd in 等重点单词和短语的意思。
3. 根据已给信息参与小组讨论,用英语说出从简·古道尔那里学到了什么。

评价任务

1. 快速浏览文章,抓住核心内容,说出简·古道尔的主要成就。
2. 详细阅读文章,找出有关简·古道尔观察黑猩猩及其人生经历的信息,完成 Close reading 中的任务。
3. (1) 以小组为单位互助合作,根据已知信息,向全班发出口头通知,告知简·古道尔将来我校作关于保护黑猩猩的报告。
   (2) 以小组为单位合作探究,根据所给信息,组织一场对简·古道尔的现场采访。

教学过程

Step I Lead-in

Watch a short video from which students can find that Jane is popular among the world.

Q：What do you know about the great woman?

Step II Reading

1. Skimming(达成目标1)

评价任务：Read the text quickly and answer the following questions.

Q1：Who is she?

Q2：What has she achieved?

2. Close reading(达成目标2)

评价任务：Watch another short video which represents Jane's life experience and her observation of chimps. Read the text again and answer the following questions.

Q1：What did she observe about chimps?

Jane and students	Chimps
Sit and wait in the shade of the tree	Begin to _____ and _____.
Follow the chimps	_____ into the forest.
	Either _____ or _____ each other as a way of _____.
	_____ in the tree, _____ in their nest for the night.

The bond between members of a chimp family is _____ in a human family.

Q2：What about her life experience?

Since her childhood	
In 1960	
After her mother came to help her	

Q3：What's her attitude to protecting chimps?

Step III Presentation(达成目标 3)

评价任务：Work in groups to make an announcement.

Announcement

Ladies and gentlemen,

Attention, please! Doctor Jane Goodall is coming to our school to give us a lecture about protecting chimps.

> Jane's life experience
> Jane's discovery about chimps
> Jane's attitude to protecting chimps
> Jane's achievements

...

Don't forget：8：00, Saturday morning, lecture hall. There's sure to be a lot of fun. Thank you!

Step IV Extension(达成目标 3)

评价任务：Work in groups to make an interview.

Imagine that Jane has given us a lecture. A TV station will invite her to take part in a talk show. On the show, the host will ask Jane and the audience some questions.

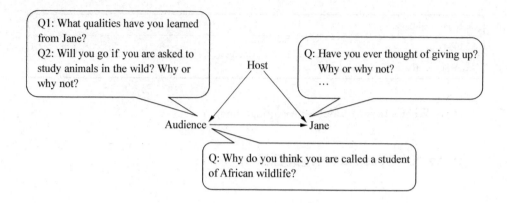

Step V   Conclusion

What have you learned from Jane Goodall?

Step VI   Homework

1. Required exercise

Do Exercises 1 & 3 on P3.

2. Selective exercise

Q: What will you do if you want to become a great man or woman of achievement?

A. Please answer the question in a short passage.

B. Please answer the question in five or six sentences.

C. Please answer the question in two or three sentences.

27　思想政治(必修 4)课程纲要

课程名称：思想政治

课程类型：必修

教材来源：人民教育出版社 2013 年版

适用年级：高中二年级

课时/学分：36 课时/2 学分

设 计 者：闫彦强/郑州市教育局教学研究室

　　　　　　杨仕保/郑州市教育局教学研究室

背景

　　高一"经济生活"和"政治生活"两个模块内容的学习与本模块的内容没有太多联系；与高一学生相比，高二学生已经具有较丰富的生活经验和一定的逻辑思维能力，能够相对理性地看问题。但是随着年龄增长，学生会遇到越来越复杂的生活、思想、学习等实际问题；学习本模块，不仅能够让学生正确理解马克思主义哲学的基本观点和方法，运用哲学的思维来分析、解决实际问题，而且还能够为下学期《文化生活》模块的学习打下基础。

目标

　　1. 通过自主学习和教师讲解，体会到生活处处有哲学，能够解释哲学的基本问题,明确马克思主义哲学在人类认识史上的重要地位和作用。

2. 通过回顾人类探索自然和社会的历程,理解世界是物质的,阐述坚持从实际出发、实事求是的必要性,认同实践第一的观点,逐渐养成敢于坚持真理的精神品质。

3. 通过剖析日常生活中富有哲理的事例,理解唯物辩证法的基本原理和方法,坚持唯物辩证法,反对形而上学,并能够运用它们分析和解决实际问题。

4. 通过列举道德模范人物的典型事例、探讨其行为选择的过程,理解价值观对人的行为具有导向作用,认同人民的利益为最高价值标准,学会在社会生活中作出正确的价值判断和行为选择。

内容

单元	学习内容	课时
开学第一课	分享《课程纲要》	1
第一单元 生活智慧与时代精神	第一课　美好生活的向导	2
	第二课　百舸争流的思想	2
	第三课　时代精神的精华	2
	综合探究与单元复习总结	1
第二单元 探索世界与追求真理	第四课　探索世界的本质	2
	第五课　把握思维的奥妙	2
	第六课　求索真理的历程	2
	综合探究与单元复习总结	1
期中测试及评析		2
第三单元 思想方法与创新意识	第七课　唯物辩证法的联系观	2
	第八课　唯物辩证法的发展观	2
	第九课　唯物辩证法的实质与核心	2
	第十课　创新意识与社会进步	2
	综合探究与单元复习总结	1
第四单元 认识社会与价值选择	第十一课　寻觅社会的真谛	2
	第十二课　实现人生的价值	2
	综合探究与单元复习	1
期末复习、测试及评析	查漏补缺、释疑解惑、建构知识网络	5
	时政评析	

实施

一、课程资源

1. 人教版普通高中课程标准实验教科书《生活与哲学》。

2. 根据课程标准、《生活与哲学》教材和班级学情编制的学案。

3. 蕴含哲理的名人名言、成语典故、寓言故事、生活谚语。

4. 感动中国人物、道德模范人物等有关的视频。参阅中央电视台新闻频道、新华网、中国文明网等网站。

5. 年度国际国内重大时政新闻、党和政府的重大方针政策。参阅《人民日报》、人民网和《半月谈》杂志等媒体。

6.《马克思传》、《明朝那些事儿》(王阳明部分)等哲学家的传记。

二、学习活动和要求

1. 阅读教材,思考整理,完成学案相关内容,自主完成主要学习任务。

2. 按照"世界观—方法论—实际运用"的逻辑思路梳理教材,系统把握教材知识,建构知识体系。

3. 收集蕴含哲理的名人名言、成语典故、寓言故事、生活谚语,交流分享。

4. 阅读一本哲学家传记,摘抄重要哲学观点和自己感兴趣的内容,撰写1000字以上的富有哲学色彩的读书心得,展示交流心得体会。

5. 参考《人民日报》、新华网、中国文明网、人民网和《半月谈》杂志等媒体,梳理本年度国际国内重大时政新闻、党和政府的重大方针政策、道德模范人物的材料,并运用所学的马克思主义哲学的基本观点和方法进行评析。

评价

学习评价实行百分制,包括过程性评价和期末测试两部分。

一、过程性评价(权重 30%)

1. 日常表现(10 分,学习小组互评)

1. 课前按要求阅读教材,独立完成学案相关内容。(2 分)
2. 积极参与课堂活动,认真记笔记。(4 分)
3. 按时完成作业,及时订正。(4 分)

2. 课外阅读(10 分,自评与教师评)

1. 按时完成哲学家传记的阅读任务,有重要哲学观点的摘抄。(3 分)
2. 撰写 1000 字以上富有哲学色彩的读书心得。(4 分)
3. 分享交流阅读哲学家传记的成果。(3 分)

3. 期中测试(10 分)

满分 100 分,考试成绩按 10% 计入学期总评的总分。

二、期末测试(权重 70%)

期末学业水平测试,满分 100 分。

三、学期总评

1. 学期总评分数 = 过程性评价成绩 + 期末测试成绩 × 70%
2. 学期总评总分 60 分及以上者为合格,授予 2 个学分;60 分以下为不合格,按规定补修或补考。

教案 27：价值判断与价值选择

教材来源：普通高中《思想政治》教科书/人民
教育出版社 2013 年版
内容来源：必修 4 第四单元第十二课第二框题
主 题：价值判断与价值选择
课 时：1 课时
授课对象：高中二年级学生
设 计 者：闫彦强/郑州市教育局教学研究室
杨仕保/郑州市教育局教学研究室

目标确定的依据

1. 课程标准相关要求

剖析价值冲突的实例；体验价值比较、鉴别、选择的过程；认同人民的利益为最高标准，树立为人民服务的思想。

2. 教材分析

第一框题"价值与价值观"主要讲述了价值观的驱动、制约和导向作用，为本框题学习作了很好的理论铺垫。本框题"自觉遵循社会发展的客观规律"、"自觉站在最广大人民的立场上"两目内容,进一步明确了价值判断与价值选择的标准,也为学习下一框题"价值的创造与实现"打下了基础。

3. 学情分析

现实生活中,价值选择的多元和冲突往往让高中生陷入困惑和迷乱;高中生自身也面临着很多价值选择,他们的处理有时也不够理性,需要正确的理论指导。

目标

1. 通过阅读教材和观看视频,能够结合视频内容说明价值判断与价值选择的含义以及二者的联系。
2. 通过对节能减排问题的合作探究,分析影响价值判断与价值选择的因素。
3. 通过剖析区政府、个体户和居民之间价值冲突的解决过程,学会正确处理个人、集体和社会的关系,能够自觉站在最广大人民的立场上进行价值选择。

评价任务

1. 回答价值判断和价值选择的含义,用图示法呈现价值判断与价值选择的联系。(评价目标1)
2. 学生展示问题探究1、2、3的成果。(评价目标2和3)
3. 课后自主探究,完成作业:为了驱除雾霾,实现建设美丽中国的愿景,你会采取哪些行动? 请运用价值判断和价值选择的知识说明理由。(评价目标1、2和3)

教学过程

教师活动	学生活动	教师评价指导要点
环节一:创设情境　自主学习		
(1) 播放视频《低碳生活》; (2) 呈现评价任务1。	(1) 观看视频并阅读教材; (2) 完成评价任务1。	提示:要区分事实判断与价值判断。

教师活动	学生活动	教师评价指导要点
环节二:合作探究　点拨引导		
(1) 把学生分成四组; (2) PPT展示相关材料及探究问题: 探究1:两百多年前人们选择使用石油、煤炭等高碳能源;为什么当代人积极探索更加清洁的新能源? 探究2:面对减排问题,为什么美国、欧盟、中国作出了不同的选择? 探究3:某市,在居民区中间存在一些集中度相对较高的烧烤夜市,居民怨言颇多,对于这些夜市是否应搬迁,区政府、个体户、居民的意见出现分歧。请说明你的观点及理由。	(1) 小组内探究; (2) 小组展示探究结果、相互质疑。 (完成评价任务2)	提示:探究3应从价值判断与价值选择的标准的角度阐述理由,教师在此基础上指出"两个标准"与"影响价值判断、价值选择的因素"的联系。
环节三:质疑建构　总结提升		
(1) 解答学生的疑惑; (2) 点评、修正学生的知识框架。	(1) 提出疑惑; (2) 建构、展示本框题的知识网络。	提示:(1) 要重视知识的真正理解; (2) 要掌握知识之间的内在逻辑。
环节四:聚焦生活　巩固实践		
(1) PPT展示2013年春节前后郑州市遭遇严重雾霾天气的材料。 (2) 提出问题:为了驱除雾霾,实现建设美丽中国的愿景,你会采取哪些行动?请运用价值判断和价值选择的知识说明理由。	完成评价任务3。	提示:(1) 要有具体行动,比如:少乘电梯,多爬楼梯; (2) 理论表述要准确。

28 历史(必修1)课程纲要

课程名称: 历史

课程类型: 必修

教材来源: 人民教育出版社 2011 年版

适用年级: 高中一年级

课时/学分: 36 课时/2 学分

设 计 者: 袁富强/郑州市教育局教学研究室
　　　　　贾艳玲/郑州市第七中学

背景

《历史(必修1)》着重反映人类社会政治领域发展进程中的重要内容。政治活动是人类社会的重要组成部分,它与必修2社会经济、必修3文化活动密切相关,相互作用。

经过初中阶段的学习,学生对古今中外的政治制度有了初步了解,已经具备初步的历史认识和历史评价能力。历史思维能力在增强,但是辩证地、历史地分析问题的能力仍然有待提高。

目标

1. 通过阅读教材、查阅文献资料、欣赏影视作品等途径,了解中外历史上重要政治制度、政治事件及其代表人物等基本史实,由此认识人类社会发展的基本规律。

2. 搜集历史上有关政治活动方面的资料,运用辩证唯物主义和历史唯物主义的方法解释不同政治制度的产生、发展及其历史影响,理解政治变革是社会历史发展多种因素共同作用的结果。

3. 通过对古今中外政治制度的归纳、对比,理解从专制到民主、从人治到法治是人类社会一个漫长而艰难的历史过程,逐步树立为社会主义政治文明建设而奋斗的人生理想。

4. 探讨重要政治制度、重大政治事件及重要人物在人类历史进程中的作用及影响,汲取必要的历史经验教训,逐步形成为社会发展贡献力量的信念。

内容和实施

课程内容		课时	课程实施
分享《课程纲要》		1	讨论、交流
第一单元 古代中国的政治制度	夏、商、西周的政治制度	1	阅读教材、历史文献资料,通过小组合作探究,总结中国古代政治制度的演变及规律。
	秦朝中央集权制度的形成	1	
	从汉至元政治制度的演变	1	
	明清君主专制的加强	1	
第二单元 近代中国反侵略、求民主的潮流	鸦片战争	1	1. 通过观看历史影片《火烧圆明园》《甲午风云》等,了解列强侵华史实,升华爱国主义情感。 2. 搜集中国共产党的建党和奋斗史实,收集老照片、老物件,增强历史学习的直观性。
	太平天国运动	1	
	甲午中日战争和八国联军侵华	1	
	辛亥革命	1	
	新民主主义革命的崛起	1	
	国共的十年对峙	1	
	抗日战争	1	
	解放战争	1	
	第一、二单元测评	1	
第三单元 现代中国的政治建设与祖国统一	新中国的民主政治建设	1	1. 访问当地人大代表或政协委员,了解他们是怎样履行职责的。 2. 搜集有关史实,说明加强我国民主与法制建设的必要性和艰巨性。
	民主政治建设的曲折发展	1	
	祖国统一大业	1	

续　表

课程内容			课时	课程实施
第四单元	现代中国的对外关系	新中国的外交	1	观看有关视频、影视作品,了解新中国的外交成就。
		开创外交新局面	1	
		第三、四单元测评	1	
		期中测评	2	
第五单元	古代希腊罗马的政治制度	古代希腊的民主政治	1	组织课堂讨论会,分析希腊民主政治或罗马法的利弊得失,写成历史小论文。
		罗马法的起源与发展	1	
第六单元	近代西方资本主义政治制度的确立与发展	英国君主立宪制的确立	1	分组讨论英、美、法、德资本主义政治制度确立和发展的原因及影响,正确评价其历史地位。
		美国联邦政府的建立	1	
		资本主义政治制度在欧洲大陆的扩展	1	
		第五、六单元测评	1	
第七单元	从科学社会主义理论到社会主义制度的建立	马克思主义的诞生	1	运用历史分析法,联系资本主义政治制度发展的基本情况,认识科学社会主义出现的历史必然性。
		俄国十月革命的胜利	1	
第八单元	当今世界政治格局的多极化趋势	两极世界的形成	1	就世界多极化趋势与和平发展的关系举行演讲会。
		世界多极化趋势的出现	1	
		世纪之交的世界格局	1	
		第七、八单元测评	1	
		期末测评	2	

课程资源

郑州"优教班班通——数字教育资源公共服务平台"(http://ha.czbanbantong.com)

评价

本模块课程学习结果以等级制呈现,由过程性评价和期末考试成绩两部分组成。

一、过程性评价(含学习过程评价、作业评价及期中测评成绩,权重:30%)

1. 学习过程评价(满分10分)

(1) 史料搜集研读(5分):认真完成5次以上得5分;5～3次得3分;不足3次得0分;

(2) 历史小论文(满分5分)

评价指标:论文字数是否达标;格式是否符合要求;能否运用辩证唯物主义和历史唯物主义的观点论述问题;能否围绕主题观点展开论述。

评价等级:A等5分;B等3分;C等1分。

2. 作业评价(满分10分)

评价指标:作业是否主动按时上交;是否独立完成;是否及时纠正错题;是否有错因分析并有改正措施。

评价等级:A等10分;B等6分;C等4分。

3. 期中测评成绩:满分100分,按10%计入。

二、期末考试成绩(权重:70%)

期末测评成绩:满分100分,按70%计入。

三、结果处理及学分认定

模块总评成绩=过程性评价成绩(30%)+期末考试成绩(70%)

总分80分及以上为优秀,70～79分为良好,60～69分为合格,60分以下为不合格。合格及以上等次获得2学分。不合格者,可以申请补考。

教案 28：美国联邦政府的建立

教材来源：普通高中《历史》教科书/人民教育
出版社 2011 年版

内容来源：必修 1 第三单元第 8 课

主　　题：美国联邦政府的建立

课　　时：1 课时

授课对象：高中一年级学生

设　计　者：袁富强/郑州市教育局教学研究室
贾艳玲/郑州市第七中学

目标确定的依据

1. 课程标准相关要求

说出美国 1787 年宪法的主要内容和联邦制的权力结构,比较美国总统制与英国君主立宪制的异同。

2. 教材分析

本单元的核心内容是近代欧美资产阶级代议制的确立与发展。本课是承上启下的一节课,主要内容是讲美国所建立的民主共和政体,它是美利坚民族赖以生存和发展的政治基础,后来成为资产阶级代议制的典型,深刻影响了世界其他国家的发展。

3. 学情分析

学生刚进入高一,初步掌握了如何学习教材的基础知识,并具备了基本的分析史料以及整合教材的能力,但对政治制度的学习还缺乏理性认识,有必要进行适当的课外延伸,补充历史和时政材料,增加理性认识,进一步强化分析综合能力。

目标

1. 通过阅读教材,准确说出美国 1787 年宪法的主要内容和联邦制的权力结构,理解 1787 年宪法是人类政治智慧的精华。

2. 通过问题情景的创设,复述 1787 年宪法中联邦政府的权力分配及三者之间的制约关系,并构建相应的结构示意图,理解"分权与制衡"的理念。

3. 通过阅读教材和相关史料,正确评价 1787 年宪法的历史地位和作用,逐步形成运用辩证唯物主义全面地看待问题的意识。

4. 动手设计制作表格,比较美国总统制和英国君主立宪制的异同,加深对民主政治的多样性和各自独特性的认识。

评价任务

任务 1:写出 1787 年宪法的主要内容和联邦制的权力结构。(检测学习目标 1)

任务 2:绘制美国联邦政府权力制衡示意图,并进行讲解。(检测学习目标 2)

任务 3:说出 1787 年宪法的积极作用和局限性。(检测学习目标 3)

任务 4:设计、制作表格比较美国总统制和英国君主立宪制的异同。(检测学习目标 4)

教学过程

教学环节	教师行为	学生行为
环节一 创设情景 激发兴趣	呈现美国历史学家 J. 布卢姆关于美国建国后政体选择的一段史料;补充建国之初美国所面临形势的相关史料,让学生直观感受初建一种符合国家成员理想的新国家制度不是一蹴而就的。	阅读教师提供的史料,感受美国建国之初的严峻形势对美国政治家们智慧的考验,思考美国应向何去何从。
环节二 合作探究 理解背景	一、独立之初的严峻形势 展示探究问题,组织学生探究并进行指导: 问题1:为什么人们普遍认为"像美国规模这么大的国家,要建立共和国制度是不可能的"? 问题2:联邦制的缺陷有哪些具体表现?	小组合作探究,分别关注一个探究问题,3分钟后展示探究成果。 1、2、3小组探究问题1;4、5、6小组探究问题2。
环节三 分析史料 绘制图表	二、1787年宪法的颁布 展示《美利坚合众国宪法》(1787年节录)。 问题3:据上述材料指出,1787年宪法的主要内容是什么?如何处理中央与地方的关系?为什么要这样做?(引导学生分析出宪法序言和正文涉及的主要内容) 问题4:1787年宪法如何保证国家权力不被滥用,防止出现专制的权力? 问题5:美国1787年宪法具有深远的影响,结合教材,分析1787年宪法的积极作用和局限性。	引导学生探究问题。1、2小组探究问题3;3、4小组探究问题4; 5、6小组探究问题5。 由3、4小组绘制联邦政府权力制衡示意图并负责讲解。
环节四 合作探究 梳理脉络	三、两党制的形成和发展 提供材料,组织学生探究并进行指导: 材料1:伏尔泰论英国政党的内容(略)。 材料2:"投票吧,我帮你看孩子"(略)。 材料3:2004年3月,布什轻松开出一张1000万美元的支票,在17个州播放120秒广告。克里阵营推出了20秒的两个竞选广告,在全美19个州播放三个星期,广告支出总额高达2500万美元。 材料4:"驴象本一家"(漫画略)。 问题6:你如何看待美国两党制?	阅读教材和史料,对两党政治的形成及发展既能梳理出脉络,又能对其本质形成认识。
环节五 小结新课 延伸升华	引导学生根据所学内容总结:美国总统制与英国君主立宪制的异同。(提供表格) 学习延伸:评价美国政治体制的利与弊。	结合所学内容填写表格,小组讨论,自由发言。 课下的延伸合作成果以小论文的形式呈现。

29 地理(必修2)课程纲要

课程名称: 高中地理

课程类型: 必修

教材来源: 人民教育出版社 2009 年第 3 版

适用年级: 高一年级

课时/学分: 36 课时/2 学分

设 计 者: 赵丽霞/郑州市教育局教学研究室

王祎君/郑州市第七中学

背景

高中《地理(必修2)》侧重人文地理,以人类活动为核心,分析人类活动与地理环境的关系。必修 2 是必修 1 和必修 3 之间的纽带,一方面必修 2 以自然地理基础知识和原理为基础,另一方面必修 2 的知识和原理将运用到区域可持续发展的学习过程中。学习高中地理必修 2 应适当回顾初中地理的相关内容(例如,七年级上学习的"居民和聚落"、八年级学习的"从世界看中国"和"中国的经济发展"等),并在此基础上注重全面分析人文地理现象的成因及地理意义。

目标

1. 通过分析与生活实际联系紧密的人口、城市等地理案例,说明地域文化对人口和城市的影响及人口、城市对地理环境的影响,形成正确的人口观和可持续发展观。

2. 借助典型的农业、工业和交通运输布局案例,理解农业、工业和交通运输的空间分布、形成过程并分析其区位条件,说明人类活动对地理环境的影响,形成因地制宜的意识。

3. 通过阅读人地关系演变等图文资料,说出人地关系思想的演变过程、人类面临的主要环境问题及实现可持续发展的内涵和途径,正确认识人地关系,树立全球合作意识。

4. 通过四次问题研究活动,初步学会针对生活中的地理现象提出问题,通过搜集资料分析问题,最终能解释和解决问题,并形成合作意识。

内容

单元	学习内容	课时
开学第一课	学习《课程纲要》	1
第一章　人口的变化	第一节　人口的数量变化	2
	第二节　人口的空间变化	1
	第三节　人口的合理容量	1
	问题研究:如何看待农民工现象	1
第二章　城市与城市化	第一节　城市内部空间结构	2
	第二节　不同等级城市的服务功能	1
	第三节　城市化	2
	问题研究:从市中心到郊区,你选择住在哪里	2
期中考试及评析(考试时间:90分钟,分值100分)		3
第三章　农业地域的形成与发展	第一节　农业的区位选择	1
	第二节　以种植业为主的农业地域类型	2
	第三节　以畜牧业为主的农业地域类型	2
	问题研究:家乡的农业园区会是什么样	2
第四章　工业地域的形成与发展	第一节　工业的区位选择	1
	第二节　工业地域的形成	1
	第三节　传统工业区与新工业区	2
	问题研究:煤城焦作出路何在	2

单元	学习内容	课时
第五章　交通运输布局及影响	第一节　交通运输方式和布局	1
	第二节　交通运输方式和布局变化的影响	1
第六章　人类与地理环境的协调发展	第一节　人地关系思想的演变	1
	第二节　中国的可持续发展	1
期末考试及评析(考试时间:90分钟,分值100分)		3

实施

1. 课程资源

(1) 高中《地理(必修2)》教科书,人民教育出版社2009年第3版。

(2) 根据课程标准、地理(必修2)教材和高一下学期学生情况编写的学案。

(3) 地图册、网络素材(如郑州"优教班班通——数字教育资源公共服务平台"、中国环境人口资源网、中国农业网、中国工业信息网等)、报刊杂志(如《中学生政史地》、《中国地理》)等。

2. 教/学方式

(1) 案例分析。通过阅读背景材料,发现并提出地理问题,利用人文地理的基本原理分析问题、解决问题并得出结论。在此基础上,交流、展示案例分析的成果。

(2) 以班级学习小组为单位,开展问题研究。通过搜集图文、影像等资料,讨论分析"如何看待农民工现象"、"煤城焦作出路何在";以小组为单位撰写"从市中心到郊区,你选择住在哪里"地理小论文;利用农业区位选择的相关原理,结合郑州的具体情况,设计郑州特色农业园。

评价

一、过程性评价（35分）

过程性评价包括作业评价、问题研究过程评价和期中考试成绩三个方面，其中作业评价5分，问题研究过程评价20分，期中考试成绩10分。

1. 作业评价

表现水平	评价得分
能按照要求完成学案，并标注预习过程中发现的问题；积极按时上交作业；作业书写规范，答题条理清晰；作业正确率在80%以上；能及时订正全部错题。	5
能按照要求完成学案；按时上交作业；作业书写工整，答题条理较清晰；作业正确率在70%以上；能订正全部错题。	3
能按照要求完成大部分学案；按时上交作业；作业正确率在60%以上；能订正部分错题。	1

2. 问题研究过程评价

问题研究过程评价从信息收集与加工、提出解决问题的假设、解决问题与得出结论、表达与交流四个方面进行评价。以上四个方面评价分数的总和为问题研究过程评价的成绩。

评价方面 \ 表现水平		I	II
1	信息收集与加工	针对问题，收集的信息种类单一，并对材料简单罗列，没有对收集的资料进行加工。（3分）	针对问题，收集的信息种类多样，既有文字信息，又有图像资料、视频资料等，并能对信息进行筛选、加工和整理。（5分）
2	提出解决问题的假设	能提出解决问题的大概思路和过程，能找出与问题解决相关的材料。（3分）	能提出具体的解决问题的思路和过程，能说明问题分析需要的具体材料。（5分）

续　表

表现水平 评价方面		I	II
3	解决问题、得出结论	能结合材料对问题进行基本的分析,并得出基本的结论;能表达自己的意见、见解,但不能针对小组其他同学的观点表达自己的看法。(3分)	能结合资料对问题进行准确地、多角度地分析并得出结论;积极参与小组合作探究,不仅能表达自己的观点,而且能对别人的观点提出质疑并表达自己的看法。(5分)
4	表达与交流	能够较为完整地表述问题的分析过程,能用较为简单的语言表达自己的成果和见解。(3分)	能清晰地、完整地表达问题的分析过程;能用较为专业的地理语言、地图、图表等多种方式表达自己的成果和见解。(5分)

二、期末考试

期末考试满分为 100 分,按照期末考试成绩实得分的 65% 计入学期总评成绩。

三、学期总评

学生成绩学期总评由过程性评价和期末考试成绩两部分组成,过程性评价分数占总评的 35%,期末考试成绩占总体评价的 65%。总评成绩为 85 分及以上的为优秀,70~84 分的为良好,60~69 分为合格,60 分以下的为不合格。总评成绩合格及以上的同学可获得 2 学分,不合格的同学按照学校规定补考或补修。

教案 29：以畜牧业为主的农业地域类型

教材来源：普通高中《地理(必修2)》教科书/
人民教育出版社 2009 年第 3 版

内容来源：《地理(必修2)》第三章

主　　题：以畜牧业为主的农业地域类型

课　　时：共 2 课时，第 1 课时

授课对象：高一年级学生

设 计 者：王祎君/郑州市第七中学

目标确定的依据

1. 课程标准相关要求

举例说明主要农业地域类型特点及其形成条件；结合实例，说明农业生产活动对地理环境的影响。

2. 教材分析

本节内容是在"农业的区位选择"和"以种植业为主的农业地域类型"的基础上，进一步提高学生利用图表分析农业区位能力的典型案例。本节内容是对农业地理的归纳总结，并为工业地理的学习提供分析思路和方法。

3. 学情分析

学生在初中已经储备了与我国畜牧业发展状况相关的基础知识,并初步掌握了农业区位分析的基本方法。学生对畜牧业,尤其是大牧场放牧业较为陌生。

目标

1. 结合我国畜牧业发展的具体案例,说出不合理的畜牧业生产对地理环境产生的不利影响。
2. 观看潘帕斯地区畜牧业发展情况的视频资料,准确说出其主要的生产特点。
3. 阅读关于潘帕斯地区大牧场放牧业生产的图文材料,分析其形成的区位条件。
4. 通过对比内蒙古地区与潘帕斯地区畜牧业发展的区位条件,提出内蒙古地区畜牧业可持续发展的可行性途径。

评价任务

任务1:阅读内蒙古地区畜牧业发展情况报告,说出当地畜牧业发展过程中存在的主要问题。

任务2:观看潘帕斯畜牧业发展情况的视频资料并结合教材,说出潘帕斯地区畜牧业的主要生产特点。

任务3:通过案例分析,用文字描述潘帕斯地区大牧场放牧业形成的区位条件。

任务4:结合我国内蒙古地区发展畜牧业的条件及存在的问题,提出可行性措施。

教学过程

环节1 新课引入

通过观看我国某一地区的自然景观及当地少数民族的饮食、服饰及他们从事的农业生产活动等图片,判断图片描述的地区及当地少数民族从事的主要农业生产活动,并引出畜牧业的概念及本节课的主题。

环节 2　发现问题,提出考察任务

通过"学习活动 1",引发学生思考如何发展我国的畜牧业、有没有其他国家或地区有畜牧业发展的成功经验可以借鉴等问题。

学习活动 1:阅读内蒙古地区畜牧业发展情况报告,完成作业单第 1 题。

评价要点:农业生产活动会对地理环境产生影响。合理适度的放牧可以促进草地植物的生长并保持草地生产力的稳定和持续,不合理的放牧如草地上放牧牲畜数量过多,会导致牲畜对植物采食过于频繁,植被衰退,且土壤因过度践踏而恶化,地表裸露,侵蚀严重,进一步发展将导致草地退化甚至是荒漠化。内蒙古牧区存在的主要问题是由于过度放牧而导致土地退化甚至是荒漠化。除此之外,如草料饲料、畜产品的品质和质量安全等问题也是内蒙古地区畜牧业发展过程中面临的问题。

通过"学习活动 2",提出为实现我国畜牧业的可持续发展对潘帕斯大牧场放牧业进行考察的任务。

学习活动 2:观看潘帕斯畜牧业发展情况的视频资料并结合教材,完成作业单第 2 题。

评价要点:阿根廷人充分利用潘帕斯地区优越的自然条件,通过采取一系列的措施成功发展了面向市场的畜牧业,即大牧场放牧业。大牧场放牧业具有生产规模大、专业化和商品化程度高、科技水平高等特点。

环节 3　潘帕斯地区大牧场放牧业考察

通过"学习活动 3",回顾季风水田农业和商品谷物农业形成条件的分析方法,并建立分析农业地域类型形成条件的思维框架。

学习活动 3:结合农业区位因素相关知识,确定考察潘帕斯地区大牧场放牧业的方向。

评价要点:影响农业区位选择的因素可以分为自然因素和社会经济因素。自然因素主要包括气候因素、地形因素、土壤因素和水源因素;社会、经济因素主要包括市场因素、交通因素、政府政策因素、劳动力因素、科技因素、农业生产历史因素等。

在确定了主要农业区位因素的基础上,学生分为自然条件考察小组和社会、经济条件考察小组,以小组为单位合作完成"学习活动 4"。

学习活动4:阅读图文资料,完成作业单第3题(1)。

评价要点:自然条件主要有以下四个方面:潘帕斯地区属于亚热带季风性湿润气候,气候温暖湿润,适合牧草生长,冬季温和,夏季温暖,一年四季均可放牧,多优质草场;地形以平原为主,平坦广阔;黑土广布,土壤肥沃,有利于牧草生长;拉普拉塔河和巴拉那河流经潘帕斯草原区,靠近河流,水源充足。社会、经济条件主要有以下七个方面:畜牧业发展历史悠久,经验丰富;国内外市场广阔,市场需求量大;靠近优良港口,交通便利;人口密度小,地广人稀,土地租金低,有利于大规模的生产;政府政策的支持,促进畜牧业发展;加强良种牛的培育和牛群病虫害研究,农业科技发达;潘帕斯地区大牧场放牧业生产区域专业化程度高、商品化程度高,有效促进了农业生产的稳定发展。

所谓农业区位,一是指农业生产所选定的地理位置,二是指农业生产与地理环境(包括自然环境和社会环境)各因素的相互关系。据此可知,所有与对农业生产和发展有影响的地理环境条件都应归结于农业的区位条件。潘帕斯地区地广人稀,人口密度小,促进了大牧场放牧业大规模生产且商品化程度高,而商品化程度高进一步促进了区域专业化生产,进而推动地区畜牧业的发展。所以,除了自然条件和社会、经济条件外,商品化程度高、专业化程度高也是潘帕斯地区大牧场放牧业形成和发展的区位条件。一般来说,像"商品化程度高、专业化程度高"这些条件归为"其他"条件。

通过"学习活动5",全面分析潘帕斯地区大牧场放牧业形成和发展的区位条件。

学习活动5:阅读材料,完成作业单第3题(2)。

评价要点:阿根廷人通过修建铁路,扩大了牛肉销售市场,便于肉牛外运;通过围栏放牧和划区轮牧,使草场合理利用,牧场不退化;通过种植牧草,弥补天然牧草不足,保证饲料供应;通过打井取水,保证人畜饮水和牧草生长用水;通过培育良种牛及加强牛群病害研究,保证牛肉的产量和质量,提高经济效益。这些措施与生产特点(例如商品化和专业化程度高)一样,都是潘帕斯地区大牧场放牧业形成和发展的区位条件。

环节4　大牧场放牧业发展经验借鉴会

学习活动6:结合内蒙古地区畜牧业发展情况,完成作业单第4题。

评价要点:外国的先进生产模式和生产经验引进到国内时,注意密切联系国情,遵循"因地制宜"原则,可在地广人稀、草类茂盛、交通发达的部分条件较好的地区推广尝试并提高专业化和商品化水平,而后通过采取改善交通条件、加强草场管理、加大科技投入和培育优育畜种等措施,再在其他地区推广。

环节5　小结

潘帕斯地区自然条件优越,阿根廷人通过采取积极的措施在潘帕斯地区发展的大牧场放牧业具有商品化、专业化、地域化程度高等特点,并且已成为大牧场放牧业的成功典范。任何一种农业地域都是因地制宜发展农业,合理利用农业土地的结果,我国畜牧业的发展需要充分挖掘当地自然条件的开发潜力,充分借鉴畜牧业发达地区成功的生产经验来改善社会、经济条件。相信我国畜牧业可持续发展的宏伟蓝图是由大家勾画出来的。

附:

作业单

据统计,目前我国大多数省区的天然草地都存在着超载、过度放牧问题。内蒙古牧区是我国最大的牧区,现有的载畜量为适宜载畜量的114.6%。草地上放牧牲畜数量过多,牲畜对植物采食过于频繁,导致植被衰退,进一步发展将导致草地退化甚至是荒漠化。(节选自《内蒙古畜牧业发展情况报告》)

1. 阅读上述材料,说明当地畜牧业发展过程中存在的主要问题。

2. 说出潘帕斯地区畜牧业的主要生产特点。

3. 阅读图文资料,回答下列问题。

(1) 结合材料1和材料2,分析潘帕斯地区大牧场放牧业形成的区位条件。

材料1　潘帕斯地区大牧场放牧业形成的自然条件考察资料。

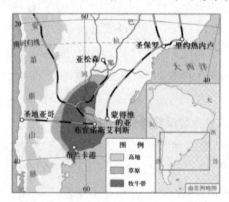

图1　潘帕斯牧牛业的分布位置示意图

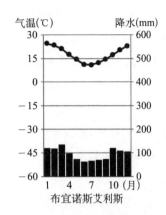

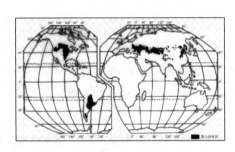

图2　世界三大黑土区分布图

图3　布宜诺斯艾利斯多年平均
各月气温和降水量

材料2　潘帕斯地区大牧场放牧业形成的自然条件考察资料。

阿根廷是一个畜牧业养殖历史悠久的国家。在欧洲人到来之前,印第安人就在这里自由地放牧,牧草丰美的潘帕斯草原已成为传统印第安牧牛人的养牛基地。欧洲人到来之后,潘帕斯草原逐渐被四周围有铁丝网的大型牧场分割,粗放的自给自足的放牧业被密集的商品牧牛业取代。

近几年,全球每年牛肉产量达335.9万吨,全球对牛肉的需求量很大。南美阿根廷潘帕斯草原生产最优质的牛肉,远销美国、西欧、日本等地。阿根廷每年要宰杀一千多万头牛,除了供国内食用,还有大量冷藏出口,牛肉出口量世界第一。

阿根廷国土面积为278.04万 km²,人口密度15人/km²,其中用于畜牧业的面积为138.9万 km²,土地租金低廉。政府为其发展提供了有利的政策,一方面改善交通运输条件,形成了以布宜诺斯艾利斯为中心,铁路、公路呈辐射状伸向全国各地,且潘帕斯草原毗邻大西洋,多优良港口,距离海港很近,大量出口牛肉比较便利。另一方面积极加强对良种牛的培育和牛群病害的研究,并在这一领域一直处于世界领先水平。

潘帕斯地区地广人稀,使得大牧场放牧业的生产规模大且商品化程度高。商品化程度高要求并促进农业生产区域专业化水平提高。阿根廷长期的生产实践,根据宜农则农、宜牧则牧的原则。因地制宜地实行区域专业化生产,对农业发展起到了积极作用。在潘帕斯草原牧区分为小牛繁殖区、肉牛区和奶牛区等小专业区,区域专业化生产使阿根廷因地制宜地进行了生产的合理布局,有效地促进了农业生产的稳定发展。

（2）结合材料3，说出阿根廷潘帕斯草原大牧场放牧业发展过程中存在的问题及采取的措施。

材料3 潘帕斯的昔日与今天

阿根廷的潘帕斯草原最初的粗放的自给自足的放牧业逐步被大规模密集的商品牧业所取代，随着规模的增加，人口和牲畜的数量也在增加，优良的天然草场出现了退化的现象，水资源问题更为突出，仅依靠几个港口和狭小的本地市场，是远远不够的，为了改变现状，使其与发展规模相适应、相协调，加大科技投入是迫在眉睫。

为了保证潘帕斯牧牛业的发展，阿根廷人采取围栏放牧、划区轮牧，种植饲料，打机井保证人畜饮水和牧草生长用水等措施，使牧场不退化；另一方面饲养良种牛，加强良种牛的培育，以及对牛群病虫害的研究。潘帕斯畜牧业商品化、地域化程度高，已经成为大牧场放牧业的典型。

4. 对比分析内蒙古地区和潘帕斯地区畜牧业发展条件异同，完成下表。针对内蒙古地区畜牧业发展过程中面临的问题，提出解决措施。

	内蒙古地区	潘帕斯地区
地理位置		
交通条件		
地形条件		
气候条件		
生产模式		

30 地理(必修3)课程纲要

课程名称: 地理

课程类型: 必修

教材来源: 人民教育出版社 2009 年第三版

适用年级: 高中二年级

课时/学分: 36 课时/2 学分

设 计 者: 刘树峰/郑州市第四十七中学

背景

高中《地理(必修3)》是在学习必修1自然地理原理和必修2人文地理原理的基础上,学习区域生态环境建设、区域自然资源综合开发和区域经济发展的相关内容。本模块以区域为研究对象,因此要渗透中国地理和世界地理等相关的区域地理知识,结合具体的区域,以案例的形式说明不同区域可持续发展的道路。

初中已学习的区域地理知识,由于间隔时间长,学生对区域地理基本知识的掌握有待巩固,否则会影响到必修3教学的顺利开展。此外,必修3教材的编写基本上都是围绕不同的案例进行,因此要注重案例分析方法的学习。

目标

1. 通过查阅资料和分析案例,说出区域差异,概述产业转移和资源跨区域调配对区域地理环境的影响,培养因地制宜、辨证分析的科学态度。

2. 结合课本案例、校外实践考察,分析荒漠化、森林破坏、湿地萎缩等典型生态问题产生的原因,归纳解决问题的措施,增强环境保护的意识。

3. 通过案例分析、类比、归纳等方法,了解流域综合治理、农业可持续发展、能源和矿产资源开发、经济发达地区工业化和城市化区域发展等的背景、现状,总结不同区域可持续发展的对策,形成可持续发展观念。

4. 通过实地参观郑东新区城市发展变化等校外实践活动,分析城市化过程对于区域发展的推动作用,激发探究地理问题的兴趣和动机。

内容

章节与学习内容		课时
开学第一课	分享《课程纲要》	1
第一章 地理环境与区域发展	1.1 地理环境与对区域发展的影响	2
	1.2 地理信息技术在区域地理环境研究中的应用	1
	问题探究:地理环境为新加坡经济发展提供了哪些条件?	1
	章节习题讲评	1
第二章 区域生态环境建设	2.1 荒漠化的防治——以我国西北地区为例	2
	2.2 森林的开发和保护——以亚马孙热带雨林为例	2
	校外实践活动:考察郑州市郑东新区湿地公园	
	章节习题讲评	1
第三章 区域自然资源综合开发利用	3.1 能源资源的开发——以我国山西省为例	2
	3.2 流域的综合开发——以美国的田纳西河流域为例	2
	问题探究:河流上该不该建大坝	1
	章节习题讲评	1
期中考试		2
第四章 区域经济发展	4.1 区域农业发展——以我国东北地区为例	2
	问题探究:河南农业的发展——从中国粮仓到中国厨房的转变	1
	4.2 区域工业化与城市化——以我国珠三角地区为例	2
	校外实践:参观郑东新区城市规划展览馆	1
	章节习题讲评	1

续 表

章节与学习内容		课时
第五章 区际联系与区域协调发展	5.1 资源的跨区域调配——以我国的西气东输为例	3
	5.2 产业转移	2
	问题探究:南水北调怎么调	1
	章节习题讲评	1
期末复习与考试		2

实施

1. 课程资源

(1) 教材:《普通高中课程标准实验教科书地理(必修3)》,人民教育出版社。

(2) 课堂作业单。

(3) 练习册:《高中新课程学习指导》。

(4) 其它资源:

网络资源:如百度地图(ditu. baidu. com),谷歌地球。

校外资源:郑东新区湿地公园、郑东新区城市规划展览馆。

2. 学习活动

班级同学分成8个小组,完成以下活动:

(1) 每个单元的问题探究:小组进行分工,通过查阅资料,尝试寻找解决问题的方法,用手抄报的形式在班级分享交流本组的成果。

(2) 校外实践活动:考察郑州市郑东新区湿地公园,参观郑东新区城市规划展览馆。

考察前制定本组实践活动方案,在实践活动过程中收集材料,考察活动结束后撰写活动报告。

评价

学期总评成绩 = 过程性评价成绩 + 期末考试成绩

1. 过程性评价(权重30%)

过程性评价由课堂表现、作业完成情况、学生地理校外实践活动表现和期中考试成绩四部分组成。

(1) 课堂表现评定的构成要素(满分5分):课堂纪律、学习兴趣、课堂笔记和课堂参与。

课堂表现的评定等次:A等5分,B等3分,C等1分。

(2) 作业完成情况评定构成要素(满分5分):书写整洁、条理清晰、准确率高和有纠错反思等。

作业完成评定等次:A等5分,B等3分,C等1分。

(3) 地理实践活动(满分10分)

地理实践活动评价规则

评价等级	等级要素	得分
A等	主动热情参与活动、主动参与制定小组实践活动方案、主动与小组成员合作解决地理学习中的问题、实践活动过程材料收集翔实、撰写实践活动成果报告内容新颖独到。	10分
B等	能够按照老师要求完成实践活动、配合小组成员制定小组实践活动方案、有自己的实践活动报告。	6分
C等	对校外实践活动不积极、校外实践活动中材料空缺、不能及时完成实践活动报告。	2分

地理实践活动结束后,指导教师结合学生表现及实践活动报告完成情况进行等级评定。

(4) 期中考试成绩(满分10分):期中考试成绩×10%

2. 期末考试成绩(权重 70%)

期末考试成绩×70%

3. 学分认定及结果处理

学期总评成绩 60 分及以上为合格,获得该模块 2 个学分,不合格者参加补考或重修。

教案 30：流域的综合开发

——以美国田纳西河流域为例

教材来源： 普通高中《地理》教科书/人民教育
出版社 2009 年
内容来源： 必修 3 第三章第二节
主　　题： 流域的综合开发
课　　时： 共 2 课时，第 1 课时
授课对象： 高二年级学生
设 计 者： 刘树峰/郑州市第四十七中学

目标确定的依据

1. 课程标准相关要求

以某流域为例，分析该流域开发的地理条件，了解该流域开发建设的基本内容
以及综合治理的对策措施。

2. 教材分析

本节内容选自高中《地理(必修3)》第三章第二节，是区域可持续发展知识结构
中的一个组成部分。由于各个流域的地理条件存在着很大的差异，因而其开发建

设的基本内容和综合治理的措施也必然各不相同。本节课虽然是以美国的田纳西河流域开发整治作为案例学习,但其重点并不是田纳西河流域开发建设具体内容和综合治理的具体措施,而是要概括出研究流域开发建设和综合治理的一般方法。

3. 学情分析

学生已具备了"区域地理"和"自然与人文地理"的知识基础,基本学会了结合图文资料分析一个地区的自然环境特征及其对人类活动的影响。但是学生综合分析问题的能力较弱,因此流域开发的背景、流域综合治理的对策是学习的难点。

目标

1. 结合田纳西河流域的图文资料,分析流域开发的自然背景,了解自然地理差异对流域开发方向的影响。

2. 结合图片和资料,通过分组活动和角色扮演,能够说出田纳西河流域开发建设的具体内容。

3. 通过田纳西河流域开发与治理的案例学习,能够总结流域综合开发的一般思路。

评价任务

任务 1:教师提问,学生归纳田纳西河流域开发的自然条件,完成作业单 1～3 题。

任务 2:结合河流梯级开发图,思考流域开发和综合治理的措施。在个人独立思考的基础上进行小组交流,小组代表展示合作成果,完成作业单 4～6 题。

任务 3:结合课本案例归纳总结,写出流域综合开发的一般思路。

教学过程

环节		教师活动	学生活动
环节一:导入		提供"世界文明起源地分布图",请学生分析其分布特征以及与自然环境的关系。	回顾已有的知识基础,结合四大文明古国分布图,认识人类起源与大河流域的密切关联。
环节二:概念学习		提供"流域与水系分布示意图",引导学生: 1. 理解概念:流域、分水岭、干流、支流、水系。 2. 流域内可以开发利用的资源或条件有哪些? 3. 影响流域内上述开发条件的地理因素主要是什么?	学生讨论:认识流域内可开发利用的有:水资源、水能资源、河运、土地资源、生物资源、矿产资源等。 小组讨论,结合小问题步步分析影响因素。
环节三:案例学习	流域开发的自然背景	提供有关田纳西河流域的图文资料,引导学生分析: 1. 田纳西河流域地形、气候、水系水文、矿产的主要特征。 2. 结合上述特征,分析田纳西河流域开发的有利条件有哪些?存在问题主要是什么?	读图分析、小组讨论。 小组合作,归纳填表。 小组代表交流发言。 结合表格归纳、思考,得出田纳西河流域开发中的有利条件和存在问题。 (完成评价任务1)
	流域早期开发及其后果	布置任务:阅读课本上的资料"流域的早期开发及其后果",指出田纳西河早期开发产生的生态环境问题及其产生原因和危害。	自主阅读课本上的文字。 自主回答问题。
	流域的综合开发	让学生根据自己的兴趣爱好和各自的特色,合理选择扮演政府官员、环保人士、电力投资商、工厂老总和农场主等5个角色,结合田纳西河流梯级开发图,思考流域开发和综合治理的措施。	根据选择的角色由四位同学组成一个合作小组,在个人独立思考的基础上进行小组交流,小组代表上台展示合作成果。 (完成评价任务2)
环节四:归纳总结形成思路		归纳:流域综合开发的一般思路。从自然背景和人文现状入手,探讨流域开发的有利条件和存在问题,进而确定流域综合开发方向:发挥有利条件的同时,解决存在问题,趋利避害,实现可持续发展。	回顾田纳西流域综合开发的分析过程,归纳形成分析流域综合开发的一般思路。 (完成评价任务3)

附:作业单

1. 下列关于河流及其开发方向的表述,正确的是(　　) 　　　检测学习目标1

　　A.发源地——保护植被生态

　　B.河流——生态环境保护的重点

　　C.河谷平原——水资源的合理分配和水质保护

　　D.河口——矿产资源开发和港口建设

2. 田纳西河流域的气候类型是(　　) 　　　　　　　检测学习目标1

　　A.亚热带季风性湿润气候　　　　　　B.地中海气候

　　C.温带海洋性气候　　　　　　　　　D.温带大陆性气候

3. 田纳西河的水系、水文特征是(　　) 　　　　　　检测学习目标1

　　① 水系发达,支流众多　② 河流落差大,水力资源丰富　③ 水量丰富,流量不稳定　④ 矿产资源丰富

　　A.①②③　　　　B.②③④　　　　C.①②④　　　　D.①③④

　　　对河流进行开发利用,除要考虑河流的特点外,更要考虑流域的整体性特征进行综合开发,美国田纳西河流域开发堪称这方面的成功范例。根据所学知识回答4~6题。　　　　　　　　　　　　　　　　　　　检测学习目标2

4. 下列关于田纳西河及其流域开发的说法正确的是(　　)

　　A.发源于阿巴拉契亚山脉东坡

　　B.山地的生态环境直接影响河流的水量和水质

　　C.河流是生态环境保护的重点

　　D.河谷平原是该流域中开发利用的主要部分

5. 下列关于田纳西河流域开发和整治的叙述,不正确的是(　　)

　　A.根治了洪灾

　　B.农林牧渔业、工业和旅游业得到迅速发展

　　C.人均收入高于全国平均水平

　　D.实现了经济效益、社会效益和生态效益的统一

6. 田纳西河两岸能够形成一条"工业走廊",主要得益于(　　)

　　A.丰富的矿产资源　　　　　　　　　B.旅游业的带动作用

　　C.便利的航运条件　　　　　　　　　D.全国最大的电力供应基地

7. 尝试写出流域开发和治理的一般思路： 检测学习目标3

_____

_____

_____

31　音乐鉴赏课程纲要

课 程 名 称：音乐

课 程 类 型：必修

教 材 来 源：人民音乐出版社 2004 年版

适 用 年 级：高中一年级

课时/学分：18 课时/1 学分

设 计 者：王学芳/郑州市教育局教学研究室

　　　　　　李国强/郑州市第十二中学

背景

　　音乐鉴赏是高中阶段实施美育的重要途径，是面向全体学生的必修课程。普通高中音乐课程标准关于本模块的内容标准是，学习中外民族民间音乐，了解不同音乐流派及其重要代表人物的生平、作品和贡献；聆听鉴赏中外作曲家的优秀作品，认识常见的音乐体裁及表演形式；了解中外音乐发展的主要线索与成就，体验音乐中的民族文化特征及风格特征；感受音乐要素在音乐表现中的作用，不断提升音乐的鉴赏能力。

　　音乐鉴赏模块内容丰富，为便于学习和分析作品，从知识的系统性和连贯性方面对教材内容进行了整合。本学期学习内容包括中国民族民间音乐、常见的音乐体裁、表演形式及欧洲不同流派的音乐作品。

　　高一年级学生通过九年义务教育阶段的音乐学习，已初步养成较好的听赏习惯。为进一步提升音乐鉴赏能力,需要加强对音乐知识、音乐美学的一般常识、中国音乐及西方音乐简史的学习,在聆听中结合音乐要素感受作品、分析作品,为终身学习音乐、享受音乐奠定良好的基础。

目标

1. 通过聆听音乐作品、演唱音乐主题、小组讨论展示等形式欣赏中外优秀音乐作品,能认识音乐要素在音乐表现中的重要作用,分析不同音乐作品的风格特征。

2. 通过聆听中国民族民间乐曲、学唱歌曲和戏曲唱段、体验击鼓节奏等方式的学习和感受,认识、理解民族民间音乐与人民生活、劳动、文化习俗的密切关系,能演唱至少两首中外民间歌曲,能掌握打击中国鼓的简单节奏。

3. 通过聆听和鉴赏不同时代的音乐作品,了解中外音乐发展的主要线索和成就,能说出巴洛克、古典音乐、浪漫音乐、现代音乐等各种音乐流派及其重要代表人物、作品、贡献等。

4. 通过阅读教材、分析乐曲结构,能够理解音乐作品的题材内容、知道常见的音乐体裁和表演形式,能简述民歌、戏曲、交响乐、艺术歌曲、标题音乐等音乐体裁。

内容

课程内容及课时安排				学习内容
分类	单元	课题	课时	内　　容
		分享《课程纲要》	1	阅读、讨论《课程纲要》; 通过问卷调查了解学情。
中国民族民间音乐	学会聆听	《草原放牧》鉴赏	1	认识音乐要素的基本内容; 分析《草原放牧》的结构。
	多彩民歌	醇厚的中原韵	1	学唱中原民歌《王大娘钉缸》; 认识民歌与创作歌曲之间的区别。
		多彩的民族风	1	学唱少数民族民歌,体验其音乐风格; 掌握民歌体裁的分类。

课程内容及课时安排				学习内容
分类	单元	课题	课时	内　容
	丰富的民间器乐	民族打击乐赏析	1	掌握知识"打溜子""吹歌"；练习打击乐节奏。
		江南丝竹乐赏析	1	欣赏《中花六板》《娱乐升平》；掌握江南丝竹和广东音乐相关知识和风格。
	京剧	京剧赏析	1	了解京剧大师梅兰芳；学唱京剧片段，体验京剧的韵味；了解京剧的唱腔、行当等相关知识。
欧洲音乐流派	宗教复调音乐	巴赫	1	了解音乐家巴赫；听赏《马太受难曲》；学习十二平均律、复调音乐、主调音乐等知识。
	古典音乐	贝多芬	1	聆听贝多芬《第九交响曲》第四乐章；学习交响曲和奏鸣曲式的音乐体裁。
	浪漫幻想的音乐世界	舒伯特的艺术歌曲	1	聆听《魔王》、《鳟鱼》、体验歌曲的音乐情绪；掌握"艺术歌曲"、"声乐套曲"等相关知识。
		钢琴音乐	1	掌握练习曲和钢琴曲等音乐知识；聆听《C小调练习曲》及《爱之梦》，感受、体验其音乐情绪。
		标题音乐	1	聆听《幻想交响曲》的第二乐章，感受、体验其音乐情绪；了解标题音乐相关知识。
	民族乐派	祖国河山的礼赞	1	聆听《捷克的原野和森林》、《芬兰颂》，了解音乐的民族风格，掌握交响诗音乐体裁。
		俄罗斯民族风情	1	聆听《荒山之夜》、《卡玛林斯卡亚幻想曲》，体验俄罗斯音乐的民族风格；了解俄罗斯音乐流派中的"强力集团"。

续　表

课程内容及课时安排				学习内容
分类	单元	课题	课时	内　容
	印象主义音乐	德彪西	1	聆听《海上—从黎明到中午》感受印象音乐与古典、浪漫音乐的区别；学习印象主义的知识。
	现代主义音乐的新趋向	勋伯格	1	感受、体验表现主义音乐的风格特点。学习无调性音乐及十二音音乐等音乐知识。
	考核	期末考核	2	学分认定

实施

一、课程资源

1. 人民音乐出版社《音乐鉴赏》教科书及配套音像资料。

2. 网络音乐资源：中国音乐教育网、央视音乐频道网、我爱音乐网等网站的音乐资料。

二、教法与学法

1. 教师主要通过引导、示范等方法帮助学生进行歌唱等音乐技能的学习，通过讲解、提问、启发等方法引导学生提高音乐欣赏能力。

2. 教学中充分利用课程资源，如教材、视频、乐器来辅助教学。

3. 学生通过聆听鉴赏、演唱音乐主题、小组讨论展示、师生互动等方法进行学习。

三、学习准备

通过书籍或网络资源，学生自主查找、搜集与教材内容相关的中国及欧洲音乐家的生平简介以及戏曲行当、唱腔等方面的资料。

评 价

本模块学业成绩(100 分) = 过程评价(40 分) + 期末考核(60 分)

1. 过程评价(40 分)

评价项目	评价内容及标准	分数
学习态度(5分)	1. 出勤率。满勤 18 课时得 3 分;缺勤少于或等于 1/3 课时得 2 分;缺勤少于或等于 2/3 课时得 1 分;缺勤超过 2/3 课时 0 分。 2. 学习用具准备。超过 1/3 课时不带教材得 0 分;不超过得 1 分。 3. 课前预习、资料搜集。能按照学习准备的要求搜集相关的学习资料得 1 分;累计超过 1/3 课时不做预习准备得 0 分。	
学习表现(15分)	能运用音乐的力度、速度、音色、节奏、旋律、曲式结构等要素分析音乐作品并简述音乐的情绪、内容及风格。	
音乐表现(20分)	能准确地演唱教材内的中外歌曲及主题音乐、有韵味地演唱京剧片段,能流畅地击打节奏。	

注:在课堂梳理总结环节中,抽出 3 分钟的时间,以小组为单位,按照评价标准集体评议每位组员并给予打分,组长记分保管。

2. 期末考核(60 分)

评价形式	评价内容	总分
纸笔测试(20分)	乐理、音乐常识、作品听辨与分析。	
音乐技能考试(40分)	歌曲演唱、主题音乐演唱、节奏模仿 8 小结。	

3. 模块学习结果以等级呈现:85 分及以上为优秀;70～84 分为良好;60～69 分为合格;60 分以下为不合格。

合格及以上等级的获得 1 学分。

不合格的可由学生申请补考,考核合格后可得到 1 学分,补考时间安排在下学期开学第一周。

教案 31:勋伯格

教材来源:人民音乐出版社 2004 年版

内容来源:《音乐鉴赏》必修模块第十二单元

主　　题: 现代主义音乐的新趋向

课　　时: 1 课时

授课对象: 高一年级学生

设 计 者: 李国强/郑州市第十二中学

　　　　　王学芳/郑州市教育局教学研究室

目标确定的依据

1. 课程标准相关要求

了解不同音乐流派及其重要代表人物的生平、作品、贡献等。对所聆听作品的音乐风格、文化特征作比较,并进行综合评论。

2. 教材分析

五首管弦乐曲是勋伯格从调性音乐转向无调性音乐的重要作品,音乐具有明显的表现主义的风格。第一首乐曲《预兆》速度很快,表现恐惧和焦虑的情绪;音乐展现出了一个处于极度痛苦中的幻觉世界,基本主题是一个上行旋律线条,它以各种方式反复出现在作品中,使用了各种新鲜的乐器音色和配器效果。第二首乐曲《往事》表现了一种沉思的情绪,带有晚期浪漫主义的特点;旋律比较简单,但却有丰富的和声和精致、细腻的音色;开头的和弦是由各种音色的乐器奏出,和弦中的每一个音符都由一种不同的乐器演奏,色彩丰富。

十二音音乐是20世纪作曲技术之一。基本原则是平等对待八度中的十二半音,取消传统大小调体系各音级的功能区别。将十二个半音不许重复地自由编排成一个序列,然后用这序列的原形、逆行、倒影、倒影逆行四种形式组织成一部作品。

3. 学情分析

学生通过近一个学期对音乐鉴赏模块系统的学习,已初步养成较好的听赏习惯,为上好这节课提供了基本保证。从知识结构来说,学习欣赏了巴洛克音乐、古典主义、浪漫主义和印象派音乐后,了解了音乐发展的脉络,感受了不同时期的音乐发展变化,能够从旋律、节奏、速度、和声等音乐要素中归纳出不同时期的音乐风格特点。从知识储备上来说能理解表现主义音乐。

目标

1. 通过乐曲《G大调弦乐小乐曲(第一乐章)》和《预兆》的对比欣赏学习,从音乐要素中归纳出《预兆》无调性音乐的特点,体会与主调音乐的不同。

2. 通过对勋伯格两首管弦乐曲的聆听,能从旋律、调性、作品结构中进行分析,并能说出勋伯格音乐风格的特征。

3. 通过自学教材第156页的音乐知识,了解调性音乐、无调性音乐及十二音音乐相关知识,知道欧洲音乐的发展变化。

评价任务

1. 聆听音乐,用旋律、节奏、和声、调式等音乐要素分析作品,说出乐曲特征。(检测目标1、2)

2. 小组讨论、归纳总结勋伯格音乐作品的风格特征,各组派代表展示本组讨

论结果,其他组员作必要的补充。(检测目标 1、2)

3. 阅读教材,思考并解释调性音乐、无调性音乐及十二音音乐等音乐知识,简述欧洲音乐的发展变化。(检测目标 3)

教学过程

一、导入新课

对比聆听谭盾的《古筝协奏曲》片段和中国古筝名曲《渔舟唱晚》,学生从节奏、旋律等方面说出两首音乐作品的不同。

二、新知学习

环节 1. 听赏莫扎特《G 大调弦乐小乐曲(第一乐章)》和勋伯格《预兆》。

学生活动:

从旋律、节奏、调式、和声等音乐要素对两首乐曲进行对比听赏和分析,学生分组讨论,归纳并说出《预兆》音乐的特点。

目标检测结果:至少 80%的学生能说出《G 大调弦乐小乐曲》和《预兆》两首音乐作品的旋律、节奏、调式、和声等音乐要素的不同,《预兆》调性不明显,表现恐惧和焦虑的情绪。(达成目标 1)

环节 2. 聆听《五首管弦乐曲》的第二首乐曲《往事》,感受音乐特点。

学生活动:

(1) 请学生说出音乐的情绪。

(2) 学生分组讨论、归纳总结勋伯格音乐作品的风格特征。

目标检测结果:至少三分之二学生能说出《往事》表现了一种沉思的情绪。带有晚期浪漫主义的音乐特点。能够说出勋伯格音乐作品的风格特征:旋律不明显、无调性,作品结构篇幅短小、简洁,主要用于烘托气氛,描写个人内心的感受。(达成目标 2)

环节 3. 学习调性音乐、无调性音乐及十二音音乐。

学生活动:

(1) 引导学生自学教材第 156 页的音乐知识:学生总结调性音乐、无调性音乐和十二音音乐的定义。

(2) 教师讲解有关现代主义音乐相关知识。

(3) 引导学生思考欧洲不同流派的音乐风格特点,归纳总结欧洲音乐的发展变化。

教师点拨不同时期的音乐变化:复调音乐——主调音乐——淡化调性——无调性。

目标检测结果:大部分学生能说出调性音乐、无调性音乐及十二音音乐,简述欧洲不同时期音乐的发展变化。(达成目标3)

三、梳理总结

师生共同对本节课学习内容进行梳理与回顾,从旋律、节奏、和声等音乐要素中归纳出无调性的音乐特点,说出勋伯格音乐无调性的风格特征。了解调性音乐、无调性音乐及十二音音乐等音乐知识,知道欧洲音乐的发展变化。

32　美术鉴赏课程纲要

课程名称: 美术鉴赏

课程类型: 必修

教材来源: 人民美术出版社 2010 年版

适用年级: 高中一年级

课时/学分: 18 课时/1 学分

设　计　者: 田金良/郑州市教育局教学研究室

背景

　　《美术鉴赏》属于高中美术课程的必修模块,对高中学生形成美术鉴赏能力、提高审美素养具有主导性和基础性作用,原则上要求学生修习 18 课时获得 1 个学分。通过模块学习,学会运用美术知识和基本方法去鉴赏、评述美术作品及现象,提升审美能力和审美素养。全册教材从内容上可以归纳为两大部分:第一部分(1~8 课)为基本美术理论方法的学习,是鉴赏美术的基础;第二部分(9~20 课)是分门别类的引导学生探究不同类别、不同地域、不同时期的美术作品,了解美术的发展和特征,是前 8 课理论知识的实践应用。高中一年级学生前期经过小学、初中阶段的美术学习,已经具备一定的美术素养和能力,在教材学习上以前 8 课为主,采取集体授课方式完成;第 9~20 课可以整合为若干主题,供学生自选,利用课外时间进行自学探究,课堂上进行交流展示,分享学习成果。

目标

1. 通过对美术鉴赏基础知识的学习,能够恰当运用构图、色彩、造型、材质等基本美术语言鉴赏美术作品。

2. 了解和探索两种以上美术门类的形成和发展的基本轨迹和知识,能够理解其文化含义和风格特征。

3. 能够运用多种方法或现代信息技术收集美术的有关信息,并运用于鉴赏学习活动。

4. 知道重要的美术家及其代表作品,了解中外美术的主要风格和流派,理解并尊重艺术的多元化。

内容

学习领域	单元课程目标		课时	课程内容
	认识高中美术课程的必要性和重要性,了解本模块学习的目标、内容、活动和评价。		1	分享《课程纲要》
鉴赏基础	第一单元	学习关于美术鉴赏的基本知识,认识美术鉴赏对于个人未来人生发展的重要价值和意义。	1	第一课 培养审美的眼睛——美术鉴赏及其意义
	第二单元	学习、了解各门类美术的艺术特点及不同流派的艺术语言,尝试运用艺术语言分析美术作品。	1	第二课 美术家是如何进行表达的——美术作品的艺术语言
			1	第三课 如实地再现客观世界——走进具象艺术
			1	第四课 对客观世界的主观表达——走进意象艺术
			2	第五课 美术作品可以什么都不像吗——走进抽象艺术
	第三单元	学会运用不同的艺术语言,从感性入手进行形式分析,理解作者的表达意图,并对艺术作品进行价值判断。	2	第六课 漂亮是美术鉴赏的标准吗——艺术美与形式美
			1	第七课 是什么使美术作品如此的千姿百态——分析美术作品的创作意图

学习领域	单元课程目标		课时	课程内容
			1	第八课 所有的美术作品都一样重要吗 ——美术作品的意义与价值判断
经典作品鉴赏	第四单元	通过上网、读书、参观等方式了解经典的美术作品,以小组合作形式分析、整合资料,运用所学美术鉴赏的基础知识分析、鉴赏艺术品。	6	课本第 9～20 课为学生自选课,教师根据学生所选课程和研究主题进行教学设计和授课。
	学期测试		1	运用本期所学美术鉴赏知识,分析、鉴赏一件或一类美术作品。

实施

一、课程资源

1. 教材:人民美术出版社《美术鉴赏》。
2. 场地资源:多媒体美术教室、校图书馆。
3. 网络资源:中国美术教育网、中国美术教育信息网、中国美术网等。
4. 社会资源:艺术馆、博物馆、艺术家工作室等。

二、教/学活动

1. 为自己设计一个个性化的美术学习档案袋,用以收集作业、资料等学习成果。

2. 在前 8 课美术鉴赏理论基础学习中,完成预习任务,收集相关文字资料、美术作品图片信息;完成课后鉴赏作业至少 10 次,形式包括美术作品分析和学习反思、随笔等;按时完成作业,参与自评、互评活动,并将上述各项资料、作业保存在自己的美术学习档案袋内。

3. 将第 9～20 课自选内容综合为 6 个主题,学生 4 人一组,选择一个研究主题,利用网络、图书资源,开展小组合作研究学习,形成有形成果,参与交流展示。

评价

评价项目		评价要点	评价结果
过程性评价 (70分)	美术学习 档案袋	美术学习档案袋的设计具有个性化特点(5分)	
		美术鉴赏作业:一学期10次,具有准确的知识总结、真实的个人感受与认识以及明确的个人见解,每次内容至少200字以上(20分)	.
		相关资料:全面丰富;存放有序;有个人阅读批注(10分)	
		思想随笔:反映即时的所想所感所悟,生动自然,真情实感。一学期5次,每次至少50字以上(10分)	
		有艺术作品参加各级美术比赛获二等奖以上(5分)	
	平时表现	积极主动参与课堂活动(10分)	
		按时完成各项美术作业,至少10次(10分)	
终结性评价 (30分)	学期测试	能够运用本期所学美术鉴赏知识,分析、鉴赏一件或一类美术作品(30分)	
等级认定		学期学业成绩为过程性评价与终结性评价之和,以等级制呈现:A级(100~85分)、B级(84~75分)、C级(74~60分)、D级(60分以下),学业成绩达到C级以上可以获得1学分。D级可申请补考。	

教案 32：对客观世界的主观表达

——走进意象艺术

教材来源：普通高中《美术鉴赏》教科书/人民美术出版社 2012 年版

内容来源：必修《美术鉴赏》第 4 课

主　　题：走进意象艺术

课　　时：1 课时

授课对象：高一年级学生

设 计 者：牛文革/郑州市第五中学

陈晓艳/郑州市第七中学

目标确定的依据

1. 课程标准相关要求

　　美术鉴赏模块的学习是为了让学生学会运用美术语言和基本方法鉴赏、评述美术作品及现象，提升审美能力，提高审美素养。本课是前 8 课美术鉴赏理论基础中的一部分，学生通过以个人或小组合作的方式参与美术学习活动，进一步学习美术知识与技能，能够运用观察、想象、直觉和多种思维形式以及美术的方法进行艺术鉴赏活动，学会分析、评价意象艺术作品。

2. 教材分析

本课是在第二课《美术作品的艺术语言》之后,有关三种艺术形态之一的意象艺术学习内容,属于美术鉴赏中鉴赏基础知识与方法的重要学习环节,对于学生提升鉴赏能力有非常重要的作用,因此要从正确运用鉴赏方法的角度引导学生学会分析艺术作品。

教材第一部分主要是引导学生发现美术作品并非完全是对客观现实的"如实"再现,注重让学生自己去感受。第二部分"为什么有的美术作品形象怪异"是从意象艺术的一个极端的但却很明显的方面——普通人都能感受到的一些美术作品形象怪异的角度入手,来解释意象艺术。该部分为本节课的教学重点。第三部分"如何理解意象艺术"是本课的关键,也是本节课难点所在,目的在于让学生学会鉴赏意象艺术的基本方法并能正确地运用。

3. 学情分析

高一年级的学生已经具备一定的运用艺术语言的感受能力和分析能力,但在美术作品的鉴赏方面,相应的知识还较为匮乏,概念理解相对模糊,还没有形成系统的分析鉴赏艺术作品的思维方式,因此,在教学中要注重通过灵活的方式方法展开教学,激发学生对本节课学习的愿望,引导学生正确掌握与运用美术鉴赏的方式方法。

目标

1. 通过自学教材内容,能够说出意象艺术的概念及其特点,准确区分具象艺术与意象艺术作品。

2. 以小组合作的方式,进行作品比较、分析,能够准确运用美术语言描述意象艺术作品的特点。

3. 通过对意象艺术作品的评价与审美交流,形成多元化的艺术审美思维方式。

评价任务

评价任务	针对目标
四人一组对比欣赏具象艺术与意象艺术两件作品,讨论两者的不同点,总结出意象造型特点。	目标1
四人一组,在教师的引导下从造型、色彩、构图等方面讨论分析作品《舞蹈》的特点和作者情感表达的关联,归纳分析意象作品的方法。	目标2
四人一组按照教师设置的相关问题,在作品《呐喊》《内战的预感》《星月夜》《鹌鹑图》中任选一件合作分析,形成小组意见,在课堂上展示交流。	
学生合作完成《鉴赏作业单》。	目标1、2、3

教学过程

环节	目标	学习活动	评价要点
初识意象	目标1	教师展示画家培根的作品《被牛肉片包围的教皇》与委拉斯凯兹作品《教皇英诺森十世》,学生四人一组,结合具象艺术特点,观察讨论两件艺术作品的差异,总结意象艺术的特点。	能说出意象艺术与具象艺术的造型特点。
比较分析	目标1、2	出示问题:如何理解意象艺术的真实? 在教师引导下,以小组为单位讨论分析意象艺术与具象艺术所不同的"真实",理解意象艺术表达的是艺术家内心情感的真实。 展示马蒂斯作品《舞蹈》,引导学生从造型、色彩、构图等方面讨论分析作品的特点,总结分析鉴赏意象艺术作品的方法,体会意象艺术作品与作者情感表达的关联。	1. 能准确区分具象艺术与意象艺术作品。 2. 恰当运用造型、色彩、构图等艺术语言分析意象艺术。 3. 体现合作探究意识。 4. 能用自己的观点评析意象艺术作品。
合作分析	目标2、3	展示《呐喊》、《内战的预感》、《星月夜》、《鹌鹑图》四件作品,提出问题:你的第一感受是什么? 作品突出运用了哪些艺术语言? 艺术语言的运用与你的第一感受有没有关联? 你认为作者要表达什么? 根据问题的引导,四人一组任选一件作品合作分析,形成小组意见并进行课堂交流展示与评价。教师结合创作背景、作者生平等,创设情景,加深学生情感体验,帮助学生深入理解作品内涵,深入理解意象艺术作品中作者运用艺术语言表达主观情感的方法。	

环节	目标	学习活动	评价要点
理解意象	目标2、3	引导学生总结本课知识,小组讨论回答问题:从哪里可以感受作者的主观情感? 意象艺术作品中的情感产生于哪两方面?	
反馈评价	目标 1、2、3	学生合作讨论答题,相互帮助巩固知识理解或向教师寻求帮助。 依据教师设置的《鉴赏作业单》,学生合作讨论,相互帮助,运用本课所学意象艺术的基本知识和美术语言写出对朱耷作品《鹌鹑图》的分析,要求至少200 字。	